京都・大阪・神戸の喫茶店

珈琲三都物語

川口葉子

実業之日本社

目次

第1章 京都の喫茶店・琥珀色の記憶

第2章

大阪の喫茶店・愉しきゴールデンタウン

第3章

神戸の喫茶店・レンガの坂道に吹く風

＊本書で紹介している情報は、2014年12月現在のものです。
最新の情報はお店にお問い合わせください。

第1章 京都の喫茶店

琥珀色の記憶

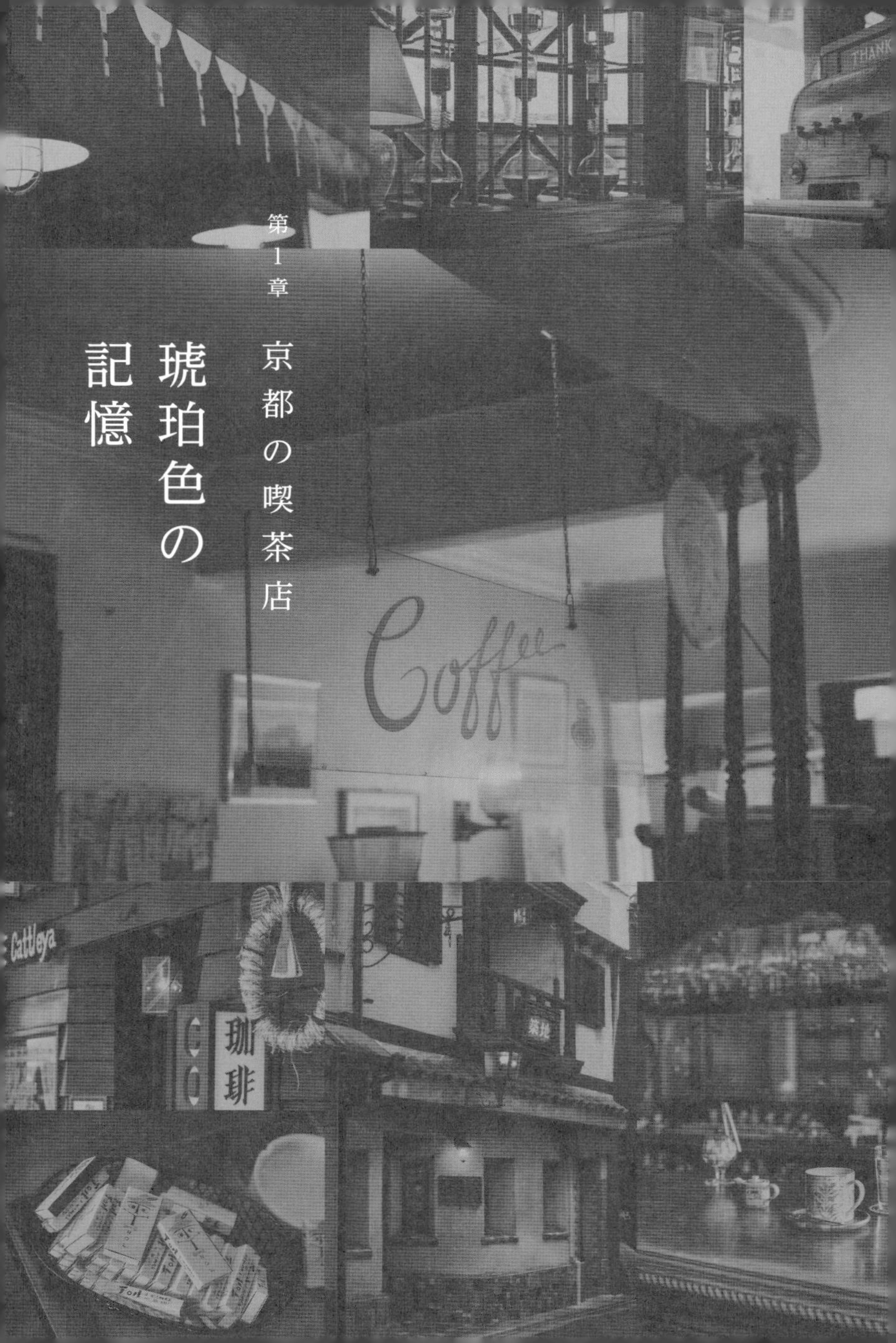

Kyoto 1

珈琲の店 雲仙

四条烏丸

Coffee

京都に歴史ある喫茶店が何軒も残っている理由は、ひとつには他の大都市ほど空襲や震災に見舞われなかった幸運にあるでしょう。

一九三五年に開店した雲仙。床が美しい色調のタイル貼りになった奥の小部屋は、かつては地下に防空壕があったのだそうです。

初代店主の高木勝治さんはリプトンで修業した後、自宅の一部を改装して自家焙煎の喫茶店を開きました。店名は前年に雲仙岳が日本初の国立公園に指定されたことにあやかり、佐賀県生まれの勝治さんが付けたそうですが、こちら京都の雲仙も喫茶遺産に指定すべき素晴らしいお店なのです。

なにしろ創業当時からの貴重な道具が多数。革を張り替えながら使われてきたベンチシート。琥珀色のライト。古めかしい和製レジスターは「THANK YOU FOR YOUR KINDNESS」と、手塗りの跡がうかがえる金文字の礼儀正しい顔でお客様をお見送りしています。

驚異的なことに、フジローヤルの前身の会社が作ったと思われる小さな焙煎器も八十年間回転し続けてきました。おそらく日本最高齢の現役焙煎器ではないでしょうか。

ちなみに雲仙の二年後に開業した静香の先代は、焙煎を雲仙で習ったそうです。その静香には六曜社の先代が焙煎を教わりに来たとか。

初代亡き後は妻のリカさんが二代目をつとめ、現在は娘の高木禮子さんが三代目店主としてお店に立っています。焙煎を始めて五十四年。

「きのう思い出して計算してたらな、自分は七十四。ようけ生きてるなー思て。焙煎器のベルトが切れるのが先か、私が逝くのが先か（笑）」

この吹っ切れた快活さとチャーミングな京都弁こそが、雲仙の真の財産なのかもしれません。

「父は五十で亡くなったんやけど、母は百まで生きたの。倍生きた。八十八まで店に座ってはったわ。母は焙煎は全然知らんねん。私は十九のときに、父が習とけ言うて、教えてもらったんです」

当時は呉服屋の旦那衆が多くて大変なにぎわいだったそうですね。

「母と私と、お店の子ふたりいはって、お昼ごはんも交替で食べなあかんぐらいやったけど、今は呉服屋さんも少のうなって。ひとりでも、居眠りしててもでけるわ（笑）」

それでも午前中は常連客がモーニングを食べに来て定位置に座り、店内にキープしてあるマイ眼鏡で新聞を読んだり、読み終えた新聞を次の人に回したり、禮子さんと気のおけない会話を楽しんだりと、街角の喫茶店の醍醐味でいっぱいに。

少し膝が辛そうな禮子さんですが、見慣れた顔を「おいでやす」と迎えます。その自然な低いトーンに漂う年季。トーストにバターを塗らない、かぶりつきたいから半分にスライスしない、といった各自の細かな注文もみな頭に入っています。

「やっぱりここのコーヒーが一番おいしいの」と常連のマダム。

目下、頼もしい息子の高木利典さんが味を受け継ぐべく〝丁稚〟として焙煎特訓中ですが、温度計もない旧式の焙煎器ゆえ、煙の色の変化と匂い、ハゼの音だけが頼りの職人芸。禮子さんのように「焙煎している時が一番気分がいいの。すっとする」という達人の境地に達するには、まだ時間がかかるようです。

menu

コーヒー　300円
カフェオレ　350円
ミックスジュース　500円
バタートースト　200円
たまごサンド　400円
モーニングセット　400円

■ コーヒーのみせ うんぜん
京都市下京区綾西洞院町 724
Tel 075-351-5479　7:00 ～ 15:00　日祝休
地下鉄烏丸線「四条」駅 4 出口、
阪急電鉄「烏丸」駅 26 出口より徒歩 5 分
map…p186-4

Kyoto 2

フランソア喫茶室

河原町

　高瀬川沿いの路地に淡いあかりをともすフランソアは、日本の喫茶店史上にひときわ輝く名店のひとつ。豪華客船を模して一九三四年に完成した風格ある建物は、国の有形文化財として登録されています。

　室内楽や交響曲が流れる優雅な空気の中には、波乱の昭和史を生きた創業者の気骨が秘められています。

　創業者の立野正一さんは労働運動家としても知られ、大地に生きる農民を描いた画家ミレーにちなんで喫茶室を命名。フランソアは芸術家や反戦を唱える左翼系知識人たちが集うサロンとなりました。

　メニューの表紙を描いた藤田嗣治。コーヒーが飲めなかった名優、宇野重吉。フレッシュクリームとエバミルクをホイップしてコーヒーを注ぐフランソア伝統のメニューは、彼のために考案されたものです。

　二〇一〇年から店主をつとめているのは正一さんの長男、立野隼夫さん。約十年に渡って神戸で洋菓子の技術を磨いてきた隼夫さんのもとで、クラシカルな洋菓子ならではのしっかりした風味を持つケーキがお客さまを楽しませています。

　伝統と革新の循環。それが京都の老舗を支え続ける精神なのです。

menu

コーヒー（フレッシュクリーム・ブラック）　580円
ウィンナ・コーヒー　780円
ビール（キリンプレミアム）　850円
ケーキセット　900円〜1230円
フレンチトースト　600円
プリン ア・ラ・モード　800円

フランソアきっさしつ
京都市下京区船頭町184
Tel 075-351-4042　10:00〜23:00　無休
阪急電鉄「河原町」駅2出口より徒歩1分、
市バス「四条河原町」下車徒歩5分
map…p184-1-a

FRANÇOIS
喫
茶
フランソア

Kyoto 3

純喫茶 ラテン

祇園四条

まるで万華鏡の中に迷い込んだような美しい店内です。ステンドグラスの青い鳥、赤い花。大理石像を月世界のように照らしている蒼白い光。堅牢な栗の木に凝った彫刻を施した椅子や鏡は、吉田木芸の先代の手彫りだそうです。

「まだ百年はもちますやろ」と微笑む店主は、おもてなしの名手として京都市に表彰されたこともある井上硅子さん。八十三歳を過ぎてもなお、たおやかな白肌の持ち主です。

ラテンは一九五二年、井上さんが二十歳のときに開店しました。かつて三味線豊吉として一世を風靡《ふうび》した新橋の芸者さんの一番弟子の持ち家だったのを、井上さんの父親が譲り受けたのだそうです。

「父は『ここでピアノ教室でもしたらどうや』言うてね」

しかし、船頭町で美術品店を開いていた父親は、同じ町内にあるフランソア喫茶室のオーナーから喫茶店の開業を勧められて、短大を卒業したばかりの硅子さんは、三か月ほどフランソアへ見習いに行くことになりました。

「フランソアの奥さんと私の母が親友でね。私はそれまで何もしたことない、できない言うたら、優しい奥さんが『心配せんで、おいない※』言うて、一生懸命教えてくれはりました」

コーヒーのネルドリップもフランソアの直伝です。

「硅子さん、心を落ちつけてドリップしないとあかん。慌てたりイライ

※おいない…京都弁で「おいでなさい」。

ラしたりするとうまくでけへん。奥さんがそういうふうに伝授してくださったんですわ」

開店した後も、慣れないうちは「やめたい」の連続。父親に「石の上にも三年」と励まされて続けるうちに、いつしか南座で舞台に立つ歌舞伎役者たちにも愛される憩いの場へと花開いていきました。

驚いたことに、店内を飾るステンドグラスの数々は全て井上さんの作品。図案は、たとえばお財布の模様などをヒントに描いたそうです。

「根気さえあれば誰でもできます。とにかく、手を動かしてるのが好きなんです」

時はちょうど七月。街のあちこちに祇園囃子《ぎおんばやし》が小さく流れています。あれが聞こえてくると楽しい気持ちになりますな、と井上さん。

「京都はほんまに変わりましたな。変わらへんのは祇園祭の山鉾《やまほこ》のくじ引きだけや」

そう、この日は山鉾巡行の順番をくじで決める「くじ取り式」の日にあたっていたのです。

私はふと、界隈の喫茶店の女主人が「おかあさん」と呼ばれていた光景を思い出し、女性の呼び方の慣習について訊ねてみました。

「おばあさんいうのは失礼ですわ。昔はテレビのニュースでも老婆なんて言わはって。いつだったか、年輩の男性が私を『おばあさん』て呼び止めて『〇〇ゆう店はどこですか』って訊かはるから『おじいさん、あそこでっせ』と教えてやったら大笑いになったわ。すぐにぱっと切り返せば腹も立たへん。あとから言うたら角が立つ。そういうのは小さい時から父によう言われたんです」

父親に大切に愛されたお嬢さまの面影が、その微笑に重なります。

「ふり返れば六十年などあっという間。すべては夢の如しですわ」

menu

ブレンドコーヒー　500円
アメリカンコーヒー　500円
ココア　600円
ロイヤルミルクティー　600円
トースト　400円
ミックスサンド　850円

じゅんきっさ ラテン
京都市東山区大和大路四条下ル大和町 8
Tel 075-561-4245　10:00 ～ 20:00　水休
京阪電鉄「祇園四条」駅 7 出口より徒歩 2 分、
市バス「祇園」下車徒歩 5 分
map…p184-1-b

Kyoto 4

ぎおん石

祇園四条

石材店が建てたビルの二階にある喫茶室は、日本のモダニズム建築に興味のある人にはこたえられない空間です。

設計は三澤建築設計事務所の三澤博章さん。一階の売り場には輝く石の数々、二階は喫茶室、三階は蕎麦店です。二階に上がる前に、ぜひ通りの向こうから一九六九年竣工のビルの全容を眺めてみてください。ル・コルビュジエの作品を思わせる大胆な意匠に驚かされることでしょう。多様な材質の石を組み合わせた贅沢な壁面は、石材店ならでは。

ビルの外観を眺めた時に、まるで

屋上にノアの箱舟が停泊しているようだと思ったのですが、内部空間も船のコンセプトで統一されていました。二階は船内、三階は甲板のイメージ、そして四階は甲板そのものとしてデザインされたのだそうです。

一階奥のエレベーターから喫茶室に上がると、あまりの格好よさに圧倒されます。天井や壁に厚みのある板を貼りあわせて、複雑で力強い曲線を描きあげた技術の素晴らしさ。銅製の重たいテーブル。ホテルのラウンジよりもゆったりしたソファ。金銭的にも消防法的にも、現代ではもはや造ることの不可能なゴージャス具合にため息が出るばかり。

宇治の和束町にある自社畑の高級抹茶を使ったチーズケーキを楽しみつつ、照明にも見惚れてください。

menu

コーヒー　500円
お抹茶　800円
バニラアイスクリーム
カラメルソースがけ　600円
抹茶プリンセット　900円
抹茶チーズケーキセット　900円

ぎおん いし
京都市東山区祇園町南側555
Tel 075-561-2458　11:00 〜 20:00　無休
京阪電鉄「祇園四条」駅6出口より
徒歩6分、
市バス「祇園」下車徒歩1分
map…p184-1-c

Kyoto 5

祇園喫茶カトレヤ

祇園四条

八坂神社の門前に続く祇園商店街の一角に、創業約七十年になる喫茶店があります。風情ある店内の名物は井戸。八坂神社と同じ水脈の御神水が湧いています。

「この空間が好きでたまらない」という店長の高橋さんを筆頭に、若いスタッフが歳月を経た喫茶店に新鮮な風を送りこんでいます。御神水を使って一杯ずつ抽出し、美しいブルーウィロー柄のカップに注ぐコーヒー。エスプレッソやカプチーノ。

奥の大テーブルには、いつも純白のカサブランカの花。これは先代の時から決まっているのだそうです。

ぎおんきっさカトレヤ
京都市東山区祇園町 284
Tel 075-708-8670　10:00 〜 22:00（祝日が月の場合〜 20:00）　不定休
京阪電鉄「祇園四条」駅 7 出口より徒歩 6 分、
市バス「祇園」下車徒歩 1 分
map…p184-1-d

menu

ブレンドコーヒー　500 円
エスプレッソコーヒー　500 円
カプチーノ　650 円
トーストセット　700 円
オムライスセット　1200 円
デザートセット　850 円

Kyoto 6

築地

河原町

つきじ
京都市中京区米屋町 384-2
Tel 075-221-1053　11:00 ～ 21:30　無休
阪急電鉄「河原町」駅3出口より徒歩1分、
市バス「四条河原町」下車徒歩 1 分
map…p184-1-e

menu
ウインナー珈琲　600 円
カフェオーレ　600 円
ミックスジュース　650 円
バナナフロート　700 円
ケーキ（セット時）　400 円

一九三四年創業の老舗。外壁の足もとに貼りめぐらされた色とりどりの施《せ》釉《ゆう》タイルは、通称「泰山《たいざん》タイル」と呼ばれる今はなき京都の名門、泰山製陶所ならではの色調です。

　京都で初めてウインナー珈琲を出した喫茶店としても知られており、「コーヒー」と注文するとウインナー珈琲が運ばれてきます。伝統のスタイルをお楽しみください。

　一階の壁に掛けられた古い柱時計の文字盤は、ⅠからⅫまでの文字の外側を、日付けを示す三十一個の数字が取り巻く珍しいもの。創業者が趣味で集めたアンティークの数々は、もはやひとつひとつの来歴を確かめるすべもありませんが、大正から昭和を生きた人の放縦な夢の残り香が想像力をかきたてるのです。

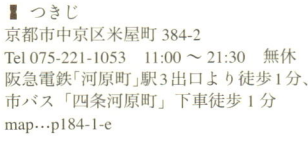

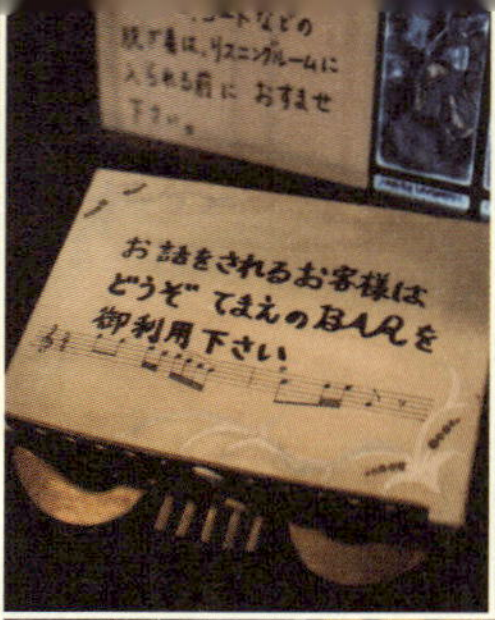

Kyoto 7

柳月堂

出町柳

音楽を楽しむ方法がもっぱらラジオかレコードだった時代、名曲喫茶はクラシック音楽を愛する人、読書する人、居眠りする人でいっぱいの、妙なる調べが流れる聖堂でした。

何千曲でもポケットに入れて移動できるようになった今、一九四五年に開店した柳月堂は、京都に現存する数少ない正統派の名曲喫茶です。

重厚なスピーカーとグランドピアノが置かれた広いリスニングルームは私語厳禁。一階のベーカリーのパンを食べたり、会話をしたりが目的の人は、アンティークの調度品が美しい右手の小さな談話室へどうぞ。

りゅうげつどう
京都市左京区田中下柳町 5-1 柳月堂ビル 2F
Tel 075-781-5162　10:00 〜 21:00　無休
京阪電鉄・叡山電鉄「出町柳」駅
6 出口より徒歩 2 分、
市バス「出町柳駅前」下車徒歩 2 分
map…p185-3-c

menu

コーヒー　650 円
ロイヤルミルクティ　800 円
ごまブレッド　230 円
※リスニングルームはミュージックチャージ　500 円
※パンは 1F ベーカリー

Kyoto 8

jazz spot YAMATOYA

神宮丸太町

ジャズの変遷とともに姿を変えながら歩んできた、大人のための落ちついたジャズ喫茶。かつては海外の有名ミュージシャンのライブも数多く開催し、常連客だった作家の五木寛之は、「このYAMATOYAのある横丁の一劃《いっかく》が、私は妙に気に入っている」と綴っています。

二〇一三年にカウンター席をさらに居心地よく改装。一杯点てのコーヒーもお酒も深夜まで楽しめます。

バーボンのグラスを揺らせば氷が澄んだ音を響かせて、このために選ばれたグラスかと思うほど。コースターに印刷された言葉に目をとめると、「昔はよかったね、という意味です」と、店主の奥様が微笑みながら一枚分けてくれました。THINGS AIN'T WHAT THEY USED TO BE.※

menu

コーヒー　600円
カプチーノ　670円
ビール　700円
クロックムッシュ　550円
※19:00～アルコールチャージ　500円

ジャズスポット ヤマトヤ
京都市左京区聖護院山王町25
Tel 075-761-7685　12:00～24:00　水・第2木休
京阪電鉄「神宮丸太町」駅4出口より徒歩10分、
市バス「熊野神社前」下車徒歩2分
map…p186-6

※デューク・エリントンの名曲。邦題『昔はよかったね』。

Kyoto 9

スマート珈琲店

京都市役所前

一九三二年の創業以来、毎日まじめに仕事を続けてきたお店の人々と、その変わらない、手抜きのない味を愛する地元の人々のおかげで、現在もなお信頼のおける街の喫茶店としてひろく親しまれています。

個人的に大好きなフレンチトーストは、三代目の元木章さんによれば「焼く」と「揚げる」の中間の温度で香ばしい焼き色をつけるのが秘訣。

創業当時からのホットケーキは、祖母の操さんが試行錯誤したレシピを大切に受け継いでいます。操さんは九十三歳で亡くなるまで、お店のマスコット的存在だったそうです。

スマートコーヒーてん
京都市中京区天性寺前町 537
Tel 075-231-6547　8:00 ～ 19:00　無休
地下鉄東西線「京都市役所前」駅
5 出口より徒歩 1 分、
市バス「河原町三条」下車徒歩 2 分
map…p185-2-a

menu

珈琲　450 円
ウィンナー珈琲　600 円
タマゴサンドウィッチ　650 円
フレンチトーストセット　1000 円
ホットケーキセット　1000 円
ケーキセット　800 円～

Kyoto 10

イノダコーヒ 本店

烏丸御池

端正なおもてなしで京都の喫茶文化を担ってきた名店は、旅行者にとっては京都の玄関です。昭和の時代から活躍してきたであろう制服の店員さんの柔らかかな物腰に迎えられれば、旅の気分は上々。

テラス席と吹き抜けが開放感をもたらす本店。長年通い続ける常連客が円形カウンターを囲んで新聞をひろげる三条支店。買い物中のマダムがおしゃべりしながら洋食を楽しむ四条支店。場所によって顔ぶれも異なります。朝食といえば、やはり本店でしょうか。一杯の「アラビアの真珠」から京都の朝が始まります。

イノダコーヒ ほんてん
京都市中京区堺町通三条下ル道祐町 140
Tel 075-221-0507　7:00 〜 20:00　無休
地下鉄烏丸線「烏丸御池」駅
5 出口より徒歩 5 分
map…p185-2-b

menu

アラビアの真珠（ホットコーヒー）　515 円
ウインナーコーヒー　665 円
フレンチトースト　540 円
ロールパンセット　800 円
京の朝食　1230 円

Kyoto 11

前田珈琲

文博店

烏丸御池

三条通りにそびえる赤い煉瓦《れんが》の洋館は、一九〇六年竣工の旧日本銀行京都支店。国の重要文化財に指定され、現在は京都文化博物館の別館として公開されています。

その金庫室を改装し、前田珈琲が二〇一四年に喫茶室をオープンしました。重たげな照明や分厚い扉が金庫室の面影を物語ります。

歴史ある建物の一角に、コーヒーの香り漂う憩いの空間を作る。その出店のセンスが秀逸なのです。二〇〇〇年にオープンした前田珈琲明倫店は、閉校になった明倫小学校の校舎が京都芸術センターとして再生されるにあたり、一階の教室を改装して誕生しています。

「京料理のようなコーヒーを理想としています」と若き二代目、前田剛さん。それは日本人の舌に合った中浅煎りで、飲みやすく、それでいて味に奥ゆきと余韻があるコーヒー。

一九七一年に創業した前田珈琲は、創業者の血の通ったサービスの姿勢が地元の伝統文化を支える人々にも親しまれてきました。たとえば近くの能楽堂で舞台がある日にはコーヒーの出前の注文を受けて、役者さんたちの各楽屋にコーヒーポットをセットして回るのだそうです。

そんなご近所づきあいを続けていく一方で、新しい業態のカフェMAECOも二〇一四年夏にオープン。「サービスにしろメニューにしろ、残す部分と変えていく部分があっていいと思います」と前田さん。「年輩の人と若い人が入り交じって楽しむ雰囲気を作っていきたい」。

menu

スペシャルブレンドコーヒー 龍之助　400円
完熟ブラジルコーヒー 牛若丸　550円
特製ホットドック　750円
昔ながらのミートスパゲティー　800円
モーニングセット（20食限定）　680円

まえだコーヒー ぶんぱくかん
京都市中京区東片町623-1 京都文化博物館 旧日銀金庫室 1F
Tel 075-255-1221
10:00 〜 19:30　月休（祝の場合翌日休、ほか京都文化博物館別館に準ずる）
地下鉄烏丸線「烏丸御池」駅5出口より徒歩3分
map…p185-2-c

Kyoto 12

王田珈琲専門店

京都市役所前

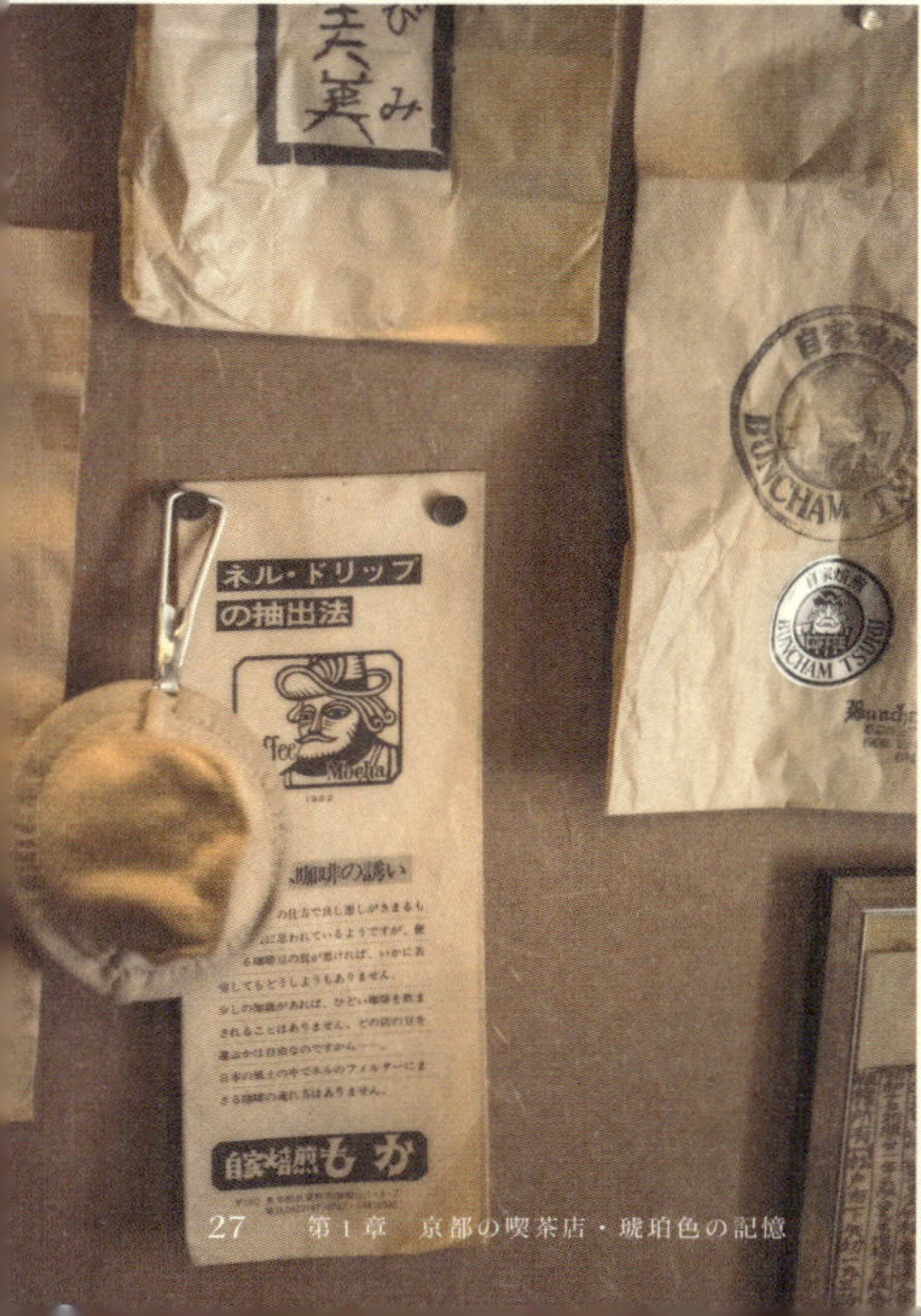
ネル・ドリップ
の抽出法
珈琲の誘い
自家焙煎もか

全身全霊で珈琲を抽出する間、店主の王田洋晶さんの背後には、珈琲に憑《つ》かれた日本の偉大な珈琲人たちの凹凸だらけの面影が浮かんでいるようです。ゆえに飲み手も電車内でイヤホンから音楽を聞くようにではなく、ライブ会場に足を運び、最前列で生演奏を聴くような心構えで珠玉の一杯を味わいたいのです。

王田さんが独自に探究してきた焙煎や抽出は、先人たちが洗練させた古典を継承しつつ、大胆に定説を覆すもの。深く焙煎して三週間熟成させた豆を挽き、お湯を一滴ずつ根気よく滴下しながらネルドリップしていきます。

初めて訪れるなら、最初の一杯はブレンドをどうぞ。ずっしりと手応えのある重厚な味わいです。

「ちゃんと淹れられた珈琲は冷めてから本領を発揮します。お酒のように時間をかけて飲みながら味の変化を楽しんでいただきたい」

ブレンドを堪能したら、二杯目はぜひ真骨頂のデミタスを。珈琲でしか体現することのできない凝縮された甘みと苦み、甘みを立体的にする微かな酸味が、衝撃的な体験をもたらすでしょう。

「世の中には誰でも気軽に飲める珈琲が溢れてる。僕がそれと同じ珈琲を出しても面白くないでしょ」

稀有な実力と自負と稚気愛すべき人柄は、二〇一〇年に開店した王田珈琲専門店をたちまち台風の目のような存在へと導いていきました。

「こういうわがままな店も、何十年も貫き通せばこだわりのスタイルと呼ばれるようになると思います」

珈琲の道に入ったきっかけは「覚えてないんですよね。退職する言い訳を探していたのかも」

大学卒業後すぐにホテルマンになった王田さんは、天啓なのか珈琲店開業を思い立って退社。全国の有名店を片端から巡って東京・吉祥寺で伝説の名店「もか」に出会い、その味を敬愛するようになります。

「もか」の故・標交紀さんに旧式の手廻し焙煎器と普通の焙煎機のどちらがいいだろうかと相談したところ、「神が降りてきて奇跡の瞬間が起きるのは手廻しの焙煎器だ。ただし、それで商売していくのは難しい」という答えが返ってきたそうです。

「まあ完全に頭おかしいんですが」と、自らも同族であることを前提に笑う王田さん。東京・表参道の大坊珈琲店が手廻しの焙煎器を使い続けている姿に勇気を得て、あえて手廻しを選択しました。

無数の要素が複雑に絡みあう焙煎と抽出から生まれる一杯は、つねに一度限りの味です。

「ストライクゾーンを決めて、その中におさめるようにしていますが、ある程度のぶれは許容していただくしかありません」

大量のコーヒー粉の上に、神経を研ぎ澄ませながらお湯を細く垂らし続けるデミタス。ネルの底から落ちる最初の一滴目の色で、味の出来がわかるのだそうです。極上を表すサインは、艶を帯びた漆黒。

「理想のデミタスのイメージは、カラメルやバタースコッチのように甘くとろんとしたモルトウイスキー。でも、三年前の自分が理想としていた味と現在の理想は違います。一生完成はしないと思う」

唯一無二の味を求める珈琲好きは、珈琲に酩酊するために、全国からこのバーを思わせるカウンターにやって来るのです。

menu

ブレンド　600円
ブレンドデミタス　1200円
水出し冷珈琲　700円
カフェオレ　700円
ブレンディッド山崎　1200円
アイリッシュ珈琲　1500円

■ おうたコーヒーせんもんてん
京都市中京区御幸町夷川北西角松本町 575-2
Tel 075-212-1377
11:00 〜 23:00、金土祝前 11:00 〜 24:00　月休（祝の場合営業）
地下鉄東西線「京都市役所前」駅 3 出口より徒歩 5 分、
市バス「河原町丸太町」下車徒歩 5 分
map…p185-2-d

Kyoto 13

喫茶マドラグ

烏丸御池

女優ブリジット・バルドーが蠱惑《こわく》的な歌声で、愛する南仏の別荘マドラグの過ぎゆく夏を惜しんだのは一九六三年、この場所に喫茶セブンが開店した年のことでした。

　それから半世紀ほどの時が流れて（前半は活気に満ちて、後半はひっそりと）、店主、松宮さんの逝去にともないセブンは閉店。私は早春の冷たい小雨の朝にストーブの熱にほっとしながら松宮さんと交わした会話を思い浮かべ、遠からずあの空間は消滅してしまうのだろうと悲しく考えていました。

　しかし幸いなことに二〇一一年、

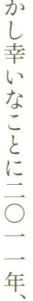

セブンの往年の姿を大切に保存したまま、新しい店主、山崎夫妻がマドラグをスタートさせました。六〇年代、七〇年代サブカルチャーのスパイスを加えたお店作りは、若い人々を強い磁力で惹きつけています。

マドラグが受け継いだ遺伝子は、セブンだけではありません。伝説の名曲喫茶みゅーずの椅子。洋食店コロナの玉子サンド。十代の頃からコロナに通っていたという山崎さんは、九十七歳で引退した店主にレシピを伝授してもらって復刻したのです。喫茶遺伝子三位一体。

フライパンでふんわり半熟状の厚焼き玉子を作って食パンにはさんだその姿は、目を見張る迫力に満ちています。厚さ八センチの玉子に輝く喫茶魂、熱いうちに召し上がれ。

menu

ブレンドコーヒー　400円
マドラグブレンド　530円
自家製ケチャップの鉄板ナポリタン　880円
マドラグサンドイッチ　630円
コロナの玉子サンドイッチ　680円
ランチセット　890円

きっさマドラグ
京都市中京区上松屋町 706-5
Tel 075-744-0067
11:30 〜 22:00　日休
地下鉄烏丸線「烏丸御池」駅2出口より徒歩5分、「丸太町」駅6出口より徒歩8分
map…p185-2-e

Kyoto 14

喫茶どんぐり

丸太町

カフェではなく喫茶店を始める若い人々が一部で増えています。自分がお客として喫茶店で過ごした経験を熟成させている彼らは、往々にして会話の中に観察力の鋭いひとことを挟みます。昔も今も、良い喫茶店のマスターは名言の滴をぽたりとカウンターにこぼすのです。

昭和時代を思わせる名前をつけて二〇一二年にどんぐりをオープンした穴井史則さんも、三十代にしてさりげない名言の主でした。

深いグリーンの壁。バーを思わせる重厚なカウンター。空間をゆったり使ったテーブル席。豆も水も注意深く選んで、冷めてもおいしいように淹れるコーヒー。モーニングセット。更けてゆく夜のお酒。どの時間も満足できる上等な喫茶店です。

「喫茶店は大人になるための予備校」と穴井さん。お店はオフィス街にあるため、ランチタイムには働く人々でにぎわいますが、みな心得たもので、食べ終えたらスマートに席を譲るそうです。そのかわり、空いている時はのんびりと長居。

自分の目的とその場の状況に合わせて柔軟に喫茶店を使いこなす〝お客上手〟な大人を見て、次の世代も粋に育っていくのです。

menu

こだわりのドリップコーヒー　400 円
デザインカプチーノ　500 円
自家製ベイクドチーズケーキセット　600 円〜
カレーライス　700 円
気まぐれパスタ　800 円
厚切りトーストモーニング　500 円

きっさどんぐり
京都市中京区少将井町 250
Tel 075-252-3911
7:30 〜 23:00、土 9:00 〜 23:00、
日祝 9:00 〜 17:00　無休
地下鉄烏丸線「丸太町」駅 6 出口より徒歩 1 分
map…p185-2-f

Kyoto 15

DORF

国際会館

menu

ブレンドコーヒー　514円
ウインナーコーヒー　668円
ドルフランチ　1080円
煮込みハンバーグ　1543円
ビーフストロガノフセット　1748円
モーニングセット　430円〜

ドルフ
京都市左京区岩倉東五田町4
Tel 075-722-2367　8:30〜22:30　無休
地下鉄烏丸線「国際会館」駅
2出口より徒歩5分
map…p186-7

ドイツ語で村を意味するドルフは、スタッフによれば「オイルショックの時代」に、休暇を楽しむ郊外の暖炉つき別荘をイメージして造られたコーヒーレストラン。大人たちに愛されてきた空間は、季節ごとに忘れがたい風景を見せてくれます。

　春夏には広々としたサンルームの前にそびえる樹齢二百八十年のケヤキの緑がまばゆいばかり。秋冬には暖炉に火が入り、スタッフがまめに薪《まき》の世話をする姿が見られます。そばのテーブルで薪と煙の匂いを嗅ぎ、火がはぜる音を聞きながらまろやかな水出しコーヒーを飲んでいると、不思議なほど満ち足りた気持ちに。

　毎日手作りするスコーンは、モーニングセットとしても人気。食事メニューも充実しています。

Kyoto 16

GOSPEL

銀閣寺前

六角塔を持つ真珠色の洋館。玄昌石のうろこ屋根。一枚板の玄関。赤い煉瓦の塀に囲まれた庭――主《あるじ》の夢を集めた邸宅の二階が優雅な喫茶店となりました。

「この家は叔父の好きなものを集めて造られたのです」と話してくれたのはゴスペル店主、山中さん。

神戸の異人館などを見てヴォーリズ建築に傾倒していた叔父さんは、ヴォーリズ亡き後にその遺志を継ぐ一粒社ヴォーリズ建築事務所に依頼して、一九八二年にこの個人住宅を完成させました。

街にも人間にも余裕や遊び心が溢れていた時代だからこそ叶えられたのかもしれない、スノードームのように美しい夢。彼の願いは、たとえば名品の誉れ高いJBLのパラゴンで、数千枚に及ぶジャズのレコードコレクションを聴くこと。冬にはマントルピースに薪をくべること。

「細部まで徹底的にこだわった造りで、窓は雨の多い日本の気候を無視した木枠だし（笑）、白壁は味わいが出るように、壁面によって白のトーンを微妙に変えているんです」

伴侶である叔母さんの希望を実現したのは、ドイツのジーマティック社の白いシステムキッチン。

「初めは叔母がここでご近所の方々

のためにスコーン教室を開いたりしていたのですが、もうお店にしたら、ということになり、OTENBA KIKIという名前で喫茶店を開きました」

　英国製アンティーク家具が並ぶ瀟《しょう》洒《しゃ》な空間は雑誌にたびたび取り上げられて、日本各地から女性たちが訪れる観光名所になっていきます。

「私の主観ですが、京都とイギリスには共通する文化がありますね。昔の古い建物を守っていたり、おもてなしを大事にしたり」

　二〇〇〇年、気持ちも新たに「良い知らせ」を意味するゴスペルに改名。山中さんとスタッフは叔父夫婦が愛した夢の結晶を大切に維持しながら、自家製のお菓子や軽食を提供して喜ばれています。

　おすすめの焼き菓子は、フレッシュレモンをたっぷり使って丁寧に作り込む上品なボンブ・アマンド。あれこれ試した末に結局ここへ戻ってきたというトワイニングのオレンジペコといっしょにどうぞ。

　驚くべきは、細心の注意を払ったその淹れ方です。〇・一グラム単位まで厳密に計る茶葉。お湯は九十度で注ぎ始めて、お客さまに出すときには七十度になるように。渋味を出さないための心遣いです。ブレンドコーヒーも、お菓子に合わせて種類を変える凝りよう！

　カーテンを透かして蜂蜜色の陽光がテーブルに踊る午後。仄暗いランプに照らされて、ともに過ごす人の顔が柔らかく浮かび上がる夜。

　さまざまに表情を変える空間はパーティーにも愛用されています。十年続けて開かれてきた大学の研究所の会合はいかにも自由な雰囲気で、興が乗ると傍らのピアノを弾き始める芸達者もいるそう。

「叔父がもともと言っていた〝パブリックスペース〟という意味で使っていただけたら」と山中さん。

　変わらないね、というお客さまの言葉が何より嬉しいのです。

「帰れる場所を持っていることは、その人の強さになるはず。何度でもガラス玉を揺らして金銀のスノーパウダーを降らせるように、人々を迎え入れては送り出す場所。いつも変わらない顔、声、音楽が迎えてくれるホーム。そこで少し休んだら、また旅に出ていくことができる。ゴスペルもそういう場所でありたいなと思っています」

CONNIE BOSWELL

ゴスペル
京都市左京区浄土寺上南田町 36
Tel 075-751-9380
12:00 〜 23:00　火休
市バス「銀閣寺前」下車徒歩 4 分
map…p186-8

menu

ブレンドコーヒー　600 円
紅茶（ポットサービス）　650 円
オリジナルハーブティー　900 円
ケーキとお茶のセット　1100 円
スコーンとお茶のセット　1300 円
オリジナルカレー　1200 円

Kyoto 17 LUSH LIFE

出町柳

流れるピアノ曲に合わせて、急にマスターが短くハミングしました。自由は人を優しくする――ラッシュライフ店主、茶木夫妻の姿を見ているとそんなことを思います。

マスターの茶木哲也さんが弱冠一九歳で始めたジャズ喫茶は、一九六六年当時としては珍しいおしゃべり自由な空間だったそうです。たしか全盛期のジャズ喫茶には、眉間に皺を寄せて無言で聴き入るというお作法があったはずですが……、

「アホや（笑）」とマスター。

「この人は、知ってる限りの知識をひけらかしたがるようなジャズ好きの人が嫌いなんですよ」と美しい奥さま、三千代さんが笑いながら補足してくれました。

「そういう人には、もう思いっきりいやな顔をしてみせる（笑）」

おかげで、暴れ者もここではおとなしく座っているそう。

「喫茶店には扉を開ければ誰でも入ってこられるからね。長いこと続けていこうと思ったら、雰囲気が崩れないようにしていかんと。他のお客さまに迷惑をかけるのはルール違反やね」

ジャズ喫茶という様式は、日本だけの特異なものです。「本来、音楽って楽しいもんやから、楽しく聴けばいいんじゃないかな」と夫妻。だから常連客の顔ぶれも、プロのジャズミュージシャンから、雰囲気とおしゃべりを楽しみに訪れる八十代まで幅広いのです。

「聴きたい人は、たとえ周囲がしゃべっててもちゃんと聴こえるからね。もし十人のお客さんの中に、ジャズの好きな人がひとりだけいてるとしたら、僕はそのひとりに向けてレコードをかけてあげる」

この小さなお店には九席しかない、という事実はさておき、「アメリカが生んだ唯一の素晴らしいもの

LIVE UNDER
THE SKY '83
DUKE
NGTON PLAYS

Rare 1938....
Live Concert
CANDIDO
the VOLCANIC
ORNETTE COLEMAN
LOVE CALL
Orchestra conducted by Ernie Wilkins
PABLO
LIVE

LUSH LIFE
COFFEE AND
JAZZ SHOP
LUSH LIFE

LUSH LIFE
ORIGINAL BLEND
LUSH LIFE TEL075-781-0199

がジャズ。ジャズは僕の生き方の先生みたいなもんやね。自由に生きなさいよと教えてくれた」

そう語るマスターの口調は限りなく優しいのです。

コーヒーは滋賀の自家焙煎店ビーンズに「コクと深みはあるけど深煎りではない」ブレンドを注文し、一杯ずつペーパードリップ。三千代さんが甘さを控えて作るケーキも好評ですが、ラッシュライフの愉しみは店内だけにとどまりません。

二〇〇一年からは世界的に活躍するジャズミュージシャンを招聘し、上賀茂神社の境内にある重要文化財「庁ノ屋」で生音のライブを催しています。数十名のスタッフはみなラッシュライフの常連客。無償どころか、茶木夫妻もスタッフも入場料を支払ってライブを聴くのです。

この何もかも手作りの小さな素晴らしいイベントは、聴衆と同じくらいにミュージシャン自身を感激させて、ランディ・ウエストンもアブドゥーラ・イブラヒムも（格安のギャラで）何度も来日しては、入魂の演奏を聴かせてくれています。

店名はせつなくも軽妙洒脱なスタンダードナンバーから。恋に破れて場末の酒場で酔いどれる歌詞の中に、こんな一節をみつけました。「ジャズとカクテルで、生きる感触を取り戻したものさ……」

menu

ブレンドコーヒー　500円
カフェオーレ　500円
ケニアティー　450円
手作りケーキ（日替わり）　400円
チキンカレーライス　700円
トーストサンド　650円

ラッシュライフ
京都市左京区田中下柳町20
Tel 075-781-0199
12:00 〜 24:00　火休
京阪電鉄・叡山電鉄「出町柳」駅6出口より徒歩2分、
市バス「出町柳駅前」下車
徒歩2分
map…p185-3-b

Kyoto 18

COFFEE HOUSE maki 出町柳店

出町柳

食パンの耳とはこんなに役に立つものだったのかと、モーニングセットを初めて注文したときに楽しく驚いたのです。使われるのはオリエンタルベーカリーの厚切り食パン。中身をくり抜き、パンの耳を食べられる器として活用しています。

この創意溢れる一皿を白い壇上の新郎新婦にたとえるならば、左手のバタートーストは新郎。右手の素敵なドレスをまとっているのが新婦です。グリーンサラダと、ふかして自家製マヨネーズで和えたポテトサラダ、ロースハム、飾り切りのゆで玉子。肩を寄せ合う幸福なふたり。

人気メニューゆえ、店長の牧野久美さんとスタッフはパンをくり抜く手作業に追われます。少しでも切れ味が鈍ると美しく仕上がらないので、プティナイフはまめに砥がれてどんどん短くなります。

マキは一九六八年に牧野さんの父が伏見で始めた喫茶店。出町柳のこの店舗は七五年頃にオープンし、現在は弟さんがコーヒーの焙煎を手がけています。

「コーヒーをドリップする時は、おいしくなれというおまじないの言葉を思っていると、リズムが一定になってうまく淹れられます」と久美さん。心のこもったサービスが親しまれて、久美さんが髪を切ったりすると、翌日すぐに常連客に気づいてもらえるそうです。

▌コーヒーハウスマキ でまちやなぎてん
京都市上京区青龍町 211
Tel 075-222-2460
8:30 〜 19:00　無休
京阪電鉄・叡山電鉄「出町柳」駅 5 出口より徒歩 7 分、
市バス「河原町今出川」下車徒歩 5 分
map…p185-3-a

menu

ブレンドコーヒー　400 円
ウィンナーコーヒー　500 円
カフェ・オ・レ　450 円
タマゴとハムのホットサンドイッチセット　700 円
パウンドケーキ　150 円〜
モーニングセット　650 円

Kyoto 16

珈琲 ゴゴ

出町柳

六、七年前の夏の午後のこと。古ぼけた外観に惹かれて小さな喫茶店の扉を開けたのが、とぎれとぎれの物語の始まりでした。

店内は想像以上の世界。柱時計、黄ばんだ壁にほどこされた木彫。しかも素敵なことに、ご近所のシニアたちで結構なにぎわい。

カウンターで活躍していたのは三十代とおぼしき優しい雰囲気の女性で、年配の男性客たちを全員「おとうさん」と呼んでいました。おとうさん、コーヒーでいいですか？あ、おとうさん、おおきに。

帰りがけに不思議な店名の由来を訊ねたら、カウンターの端に腰かけて新聞を読んでいた白髪の男性が顔を上げました。その人がマスターだったのです。自分は創業者ではなく、ゴゴとして営業していたお店を譲り受けたといいます。

「なんやフランス語の意味があったらしいけど、よう知りません。昔は朝六時から開けてたから、みんなに『朝からやってはるのにゴゴ！』とよう言われましたわ」

今年再びゴゴを訪れてみると、あのときの女性が迎えてくれました。体調を壊したマスターに代わって、二〇〇四年から彼女がお店の手伝いをしているのだそうです。

コーヒー豆の卸業に就いていたマスターがゴゴの店主となったのは一九六二年のこと。味を探究してサイフォンを導入し、自家焙煎を始めました。店先には小型ロースターが置かれており、現在は焙煎も彼女が引き継いでいます。

焙煎器の煙とタバコの煙で、白かった漆喰の壁は枯葉色に変色。

「二十五年前に一度、お店を休んで壁を塗り直したんです。おそうじのしやすい壁に変えたかったのに、常連のみなさんに駄目と言われて」、元通り、凹凸の深いドイツ壁仕上げ。

柱の木彫りは額縁の老舗、大地堂の額縁職人が手がけたのだそうです。

店名の由来をもう一度訊ねてみると、「あくまでも憶測やけど」と断って、彼女はフランス語の辞書のコピーを見せてくれました。

「最初にこのお店を造らはったおばあさんの姪っ子がフランス語を勉強してて、フランス語で店名をつけはったみたいなんです」

gogo：たくさん。好きなだけ。

gogo：(喜劇の登場人物の名から)だまされやすい人。カモ。

おそらく最初の一行が由来だと思いますが、洒落の効いたダブルミーニングなのでしょうか？

ゴゴで好きなだけおしゃべりしていく人々の話題といえば、「マスターの時代には競馬、へらぶな、お酒(笑)店主と話が合う人が集まるんですね。先代のママは、もう亡くなりましたが華のある人で、ママがカウンターの中心にいはる時は、会話の空気もそれは華やかでした」

そして現在、彼女がカウンターに立つようになってからは、日々の喜怒哀楽をそっと打ち明けに来る女性客が増えたようです。

女性たちにとってゴゴは「家庭や職場という戦地に赴く前に、自分の時間を過ごす場所」。そんな時の言葉は主婦の顔ではなく、ひとりの女性の顔で語られるのだそうです。

「ここで一生懸命にしゃべって、ふと時計を見て『ああ、帰らな』と言って帰らはるんです」

慈しむような彼女の言葉は、街角の喫茶店が暮らしの中で果たす役割を自覚していて、日々考えを深めている人ならではの、胸に沁みるものでした。

こっそり寄り道した中学生が店内で父親と鉢合わせしてしまい、彼女が「私が無理やり呼び込んだ」とかばってあげる一幕も。良い喫茶店はそんなふうに、界隈の子どもたちの成長にも少し手を貸してきたのかもしれません。

コーヒーゴゴ
京都市左京区田中下柳町 8-76
Tel 075-771-6527　7:00 〜 19:00　日祝休
京阪電鉄・叡山電鉄「出町柳」駅
2 出口より徒歩 2 分、
市バス「出町柳駅前」下車徒歩 2 分
map…p185-3-d

menu

ホットコーヒー　350 円
ストレートコーヒー（各種）　500 円〜
生ジュース（オレンジ・グレープフルーツ）　500 円
モーニング　480 円
※ 11:00 までに来店すると、玉子かバナナの
サービスがあります。

Kyoto 20

珈琲 蔦家

烏丸御池

コーヒー つたや
京都市中京区御射山町 260
Tel 075-255-5727
8:00 〜 18:30　土 8:00 〜 16:00　日祝休
地下鉄烏丸線「烏丸御池」駅 5 出口より徒歩 4 分
map…p185-2-g

menu

ブレンド珈琲　500 円
ウインナ珈琲　600 円
カフェ・オレ　500 円
カフェ・エスプレッソ　250 円
アイスクリーム　500 円
手作りケーキ　300 円〜

観光に疲れた時に嬉しい避難場所。メニューは「ひとつにこだわり、あれこれ手を出さない」が信条の古元衛さんが一杯ずつ点てるコーヒー各種と自家製スイーツ、トーストのみで、珈琲店に徹しています。

店内のしつらいが神戸の名店、茜屋やその次世代店※1を彷彿させますが、古元さんは、はた珈琲店※2の店主が修業したふるもと珈琲店の息子さん。店名は亡き母上の名「ツタ子」に由来するのだそうです。

世界中のカップが並ぶカウンターは茜屋へのオマージュ。民芸品が印象的なテーブル席には、第三世代ならではの個性が漂っています。壁の一隅を飾る「茶道の心で珈琲を作るお点前をご覧あれ」の書は、父・ふるもと氏の筆によるものでした。

※ 1：142 ページ参照
※ 2：154 ページ参照

Kyoto 21

はなふさ イースト店

東天王町

京都で初めてサイフォンを採り入れたことで有名なはなふさ。定番のサントスブレンドを飲むと、予想外の濃厚さに驚かされます。

「父が考案した『二度上げ』をしますのでね」と二代目、山本一夫さんが抽出の秘訣を教えてくれました。

一九五五年、先代が裏寺町にわずか八坪のコーヒー店を開いたのが出発点。「研究者肌で商売下手」だったそうですが、最盛期には一日に千人もの人が押し寄せたそうです。

「昔ながらの味をかたくなに続けていきたい。この味でなければ、というお客さんが来てはりますのでね」

はなふさ イーストてん
京都市左京区岡崎東天王町 43-5
Tel 075-751-9610
7:00 ～ 26:00　無休
市バス「東天王町」下車徒歩 1 分
map…p186-9

menu

サントスブレンド　450 円
モカブレンド　500 円
カフェ・オレ　490 円
ベイクドチーズケーキ　370 円
モーニング　飲み物代 +80 円～ 100 円

Kyoto 22

逃現郷

今出川

時には現実を逃れて、桃源郷で好きなだけぼんやりしていたい——そんな気分で足を向けるのに格好の喫茶店。ゆるやかな空気を店主、菅原隆弘さんの目配りが守っているから安心して逃げ込めるのです。

長いカウンター席。ベンチシートのテーブル席。雑多な本とCD。床には金魚たちが泳ぎ回る水盤。運が良ければ二階から美貌の猫、ハナコさんが降りてきて、ちょっとかまってくれるかもしれません。

「世界は、じつはどうでもいいことと、どうにもならんことばかり」という菅原さんの言葉に共感をおぼえます。その中にほんのわずかだけ「どうにかしたいこと」があるのだと。

「僕はそこに時間もエネルギーもお金もつぎこみたい」

逃現郷はその「どうにかしたいこと」の集合体です。山里の焙煎工房「マサイの風」の豆を使い、コーノのサイフォンで抽出するコーヒー。トッピングが追加できるカレー。具がはみ出るほどのサンドウィッチ。七センチの厚さを誇る名物フレンチトースト。

表面上は「それほどこだわっていません」と言っておきながら、じつはひとつひとつに明確な理想と、実現のための試行錯誤があり、質問を投げかければ名言を交えて面白い答えが返ってきます。

菅原さんはかつて、バンド仲間に紹介された履物店で草履職人をしていたという経歴の持ち主。その後、短期間のつもりではなふさ※イースト店でアルバイトを始めたところ、お店を任されるようになって喫茶店

※51ページ参照

の面白さに開眼。気がつけば七年間もそこで働くことになりました。

サイフォンのフラスコに炎を近づけたり遠ざけたりして火力を調整しながら、竹べらでコーヒー粉を混ぜる手つきは達人の領域。はなふさの創業者が考案した〝二度上げ〟の技術、通称「つばめ返し！」についても詳しく説明してくれました。

二〇一〇年、菅原さんは凝った鉄格子の窓を持つ空き家を自ら改装して逃現郷をオープン。店奥まで歩いていけば、典型的な町家の構造が残されていることがわかります。細長い空間の奥に、緑濃い坪庭と離れがあるのです。

この建物は三十年以上前にも喫茶店として数年使われたことがあり、店内の味わい深いアクセントになっているタイル貼りの円柱は、その時代に造られたのだそうです。

喫茶店のマスターの役割はお店の空気清浄機であり、サーモスタットなのだと菅原さん。全体の温度を察知してバランスをとり、一定のほどよい温度を保つこと。サーバントに徹すること。

「スタッフにも伝えているのは、常にお客さまを観察して、何をしてさしあげれば今より良い状態が生まれるのかをイメージしながら、あくまでもお客さまにサービスされたと気づかれないように動くということ」

いかにもあなたのために気を遣いました、というアピールはしないという姿勢が心憎いのです。

「良い常連さんに恵まれてると思います。その人たちの温度がお店のスタンダードを作っていて、新しいお客さんが見習ってくれる。お客さんがお客さんを育てるんですね」

ささやかな良き循環の中で、またコーヒーを飲みながらとりとめのない考えを追いかけて遊びたいなと思うのです。

menu

ブレンドコーヒー　500円
ストレートコーヒー　500～600円
バタートースト　300円
ホットサンド（6種）　600円
チキンオムライス　700円
自家製スジカレー　700円

とうげんきょう
京都市上京区観世町127-1
Tel 075-354-6866　8:00～24:00（LO）　水休
市バス「今出川大宮」下車徒歩2分
map…p186-10

Kyoto 23

café Violon

清水五条

六波羅蜜寺、六道珍皇寺の界隈には、この世と冥界の境界を示す「六道の辻」の石碑が立ち、四百年前に幽霊が飴《あめ》を買いに来たという飴屋さんが今も営業を続けています。

その幽霊子育飴の隣に、コーヒーとワインと音楽の楽しみを湛えた静かな若い名店が扉を開いています。

店主の足立英樹さんのベースにあるのは、ワイン店勤務時代に取得したワインエキスパートの資格と、フランソア喫茶室※でのアルバイト体験でした。

ボックスシートのテーブル席が並ぶ店内に残るステージは、もとはカラオケのあるスナックだった名残り。現在は室内楽の繊細で柔らかな響きが空間を満たしています。

メニューはシンプルにして端正。エレガントな酸味が残るように工夫しながらネルで抽出するスペシャルティコーヒー。朝から飲めるグラスワイン各種。スイーツや軽食にもきちんと手がかけられています。

この日、足立さんは八時間以上かけて抽出した水出しコーヒーを三種類のワイングラスに注いで楽しませてくれました。グラスの形状が違えばコーヒーが流れ込む舌の部位も変わり、味の感じ方も変化します。さらに、時間の経過につれて香りもゆらめくように変化して、コーヒーの表情が幾重にも引き出されます。

「苦みがコントラバスの響きに似ている」「シンフォニーのように多彩な要素の味」などと、音楽に喩える言葉で感覚が刺激されて、遊びながら世界が豊かにひろがるのです。

menu

本日の珈琲　550円
本日のデミタス　1000円
水出しアイスコーヒー　600円
カフェオレ　650円
バタートースト　450円
モーニングセット　550円〜

カフェ ヴィオロン
京都市東山区轆轤町 80-3
Tel 075-532-4060　9:00 〜 21:00　木休
京阪電鉄「清水五条」駅5出口、
「祇園四条」駅1出口より徒歩8分、
市バス「清水道」下車徒歩5分
map…p184-1-f

※10ページ参照

Kyoto 24

喫茶 KANO

清水五条

イタリアのエスプレッソの味が北のミラノと南のナポリでは異なるように、京都市内でもエリアによって街の喫茶店にはそれぞれに特徴があるようです。

たとえば、大学が密集する左京区はしばしばパリ・セーヌ左岸のカルチェラタンに喩えられ、古くから自由な空気のカフェが学生や芸術家たちのたまり場として愛されてきました。ここ下京区の五条大橋界隈の喫茶店の特徴は何でしょうか。

「このあたりはエアポケット」と喫茶 KANO の梅本さんは笑います。ただし、桜の季節だけは特別。高瀬川の水面に身を乗りだす桜並木の素晴らしい眺めが窓一面にひろがるため、海外からの旅行者も交じっての待ち行列ができるのです。

梅雨の晴れ間の午後、美しい張り出し窓には緑がしたたり、英国のアンティーク家具が並ぶ店内では、花街の女将さんだという三人組がおしゃべりに余念がありません。

一九七一年の開店から長きに渡り、ご近所の方々と信頼関係を築きながら歩んできたお店は、午前中はモーニングを楽しむいつもの顔ぶれで一杯に。現在、常連客の平均年齢は六十五歳以上とか。

menu

ブレンドコーヒー 470円
ウィンナーコーヒー 580円
スペシャルブレンドティー 470円
ミックスサンド 740円
ビーフカレー 840円
モーニングセット 630円〜

きっさ カノ
京都市下京区西橋詰町 785
Tel 075-351-2677 7:30 〜 18:00、日祝 9:00 〜 18:00
不定休（月 2 回程度）
京阪電鉄「清水五条」駅 3 出口より徒歩 2 分、
市バス「河原町五条」下車徒歩 2 分
map…p184-1-g

t patisserie KANO

Kyoto 25

Windy

清水五条

ただ無心においしい珈琲が飲みたい。少し疲れた旅先でそんな思いに駆られた時、ウィンディーを訪ねるのは賢明な選択だと思います。階段を二階へと上がったその場所は、本当に「珈琲だけの店」。凝ったインテリアはないかわりに、他では出会えない珠玉の一杯、いや二杯を、気負いなく味わうことができるのです。

テーブル席も多数用意されていますが、珈琲好きならぜひカウンター席へ。店主の伊藤幸治さんが優しく話しかけてきて、珈琲に興味があるお客さまだと判明すると、楽しい珈琲トークを披露してくれます。

そんなドリップ方法があるのかと耳を疑うような独創的なメニューの数々。たとえば小さな手違いから生まれたという「DISCOVERY 41」は、

▮ ウィンディー
京都市東山区本町 1-48
Tel 075-561-1932　7:00 ～ 18:00　日祝休
京阪電鉄「清水五条」駅 2 出口より
徒歩 2 分、
市バス「河原町五条」下車徒歩 5 分
map…p184-1-h

menu
ブレンド珈琲　500 円
ソフト珈琲　500 円
ライト珈琲　500 円
琥珀珈琲　600 円
幻のコーヒー牛乳　500 円
カリカリ珈琲アイス　飲み物代 +300 円

手縫いのネルを二枚重ねにして、下のネルには豆を挽かずにそのまま、上のネルには挽いた豆を入れて抽出します。豊かな旨みときれいな後味が両立する魔法のような傑作です。
一九七二年に開店、八二年に自家焙煎をスタート。持ち前の探究心と遊び心で珈琲の世界を深めていく一方で、珈琲が苦手な人にも喜ばれるメニューの数々を開発。何よりも大切なのは感受性、と伊藤さん。おかげで、珈琲ってこんなに自由で楽しかったのだと、忘れかけていた感覚を思い出すことができました。
珈琲を味わうにも起承転結の物語があります。結末だけ聞くのは野暮だから、最初の一杯はおすすめのブレンドをどうぞ。物語の始まりと、二杯目以降の展開をお楽しみあれ。

Kyoto 26

喫茶ナス

丹波口

若い人々にもカレーが好評の喫茶店ナスは、一九六五年に開店して今年で五十年。兄弟で営んでおり、数年前に訪ねた際には兄の那須悦郎さんがカウンターに立って「お正月の三が日以外は一日も休まずに続けてきました。お客さんに喜ばれるのが何より好きで」と話してくれたのですが、残念ながら二〇一四年にこの世を去り、現在は弟の資平さんがにこやかにお客さまを迎えています。

シンプルで奥深いカレーの秘訣は二日間かけて作るスープ。一日目は牛の骨髄を煮込み、二日目はそれを野菜や果物と煮込んで裏ごしする

という大変な手間ですが、「ここまで続けてきたら、もう手を抜けへん。ずっとこの味で来たさかいに」

　ごはんで作ったダムの中に、カレーの湖。最初のうちは深皿と平皿で出していましたが、深皿のふちが欠けやすかったことからこのスタイルに。平皿ひとつに盛った結果、洗い物も半減するという名案でした。

　サイフォンで一杯ずつ点てるコーヒーは、「余韻がさらっとしてるから、飲み終えた後、もう一杯飲んでもええわ、となる」のが魅力です。

「兄は開店した日から亡くなる前の晩まで、一日も欠かさずに日記をつけとったらしい。その話だけ聞いたらもう充分。僕は読まない」

　さらっと、でも味わい深いお話は、カレーやコーヒーと同じでした。

きっさナス
京都市下京区朱雀裏畑町 32
Tel 075-313-8470
10:30 〜 18:30、
日祝 11:30 〜 18:00　無休
JR「丹波口」駅より徒歩 10 分、
市バス「七条千本」下車 1 分
map…p186-11

menu
ブレンド・コーヒー　380 円
スペシャル・コーヒー　480 円
ストレートコーヒー（各種）
500 〜 700 円
ポークカツ・サンド　650 円
オリジナル・カレー　500 円
チキンカツ定食　680 円

Kyoto 27

CAFÉ BON

京都駅

東京の空の下で、早くボンを再訪したいと願っていた理由はふたつありました。ひとつは店主の西田進さんが「〝またね〟とお化けは出たことないって言うでしょ」と嘆いていたこと。

「楽しかったよマスター、また来るわ！と言って帰って、本当にまた来てくれた人はいない」というのです。「黙って静かにコーヒーを飲んでいた人の方が、また来てくれる。扉を開けてにこっとされたりすると、感激して心がとろけるね（笑）」

それでは私が「お化けの方は知らないけれど、〝またね〟は出る」と証明しましょう、と思ったのです。

もうひとつの理由は、地図にピンを刺したかったから。

ボンを発見したのは七条通の建築散歩の途中でした。戦前は銀行の支店が並んでいたという七条通には、時代の流れに合わせるのをやめて眠りこんでいるような建築物があちこちに遺されています。私の興味は、旧村井銀行七条支店のような由緒ある近代建築よりも、むしろ交差点に取り残された加藤ビルのようにつぎはぎだらけで来歴不明の建物のほうにありました。

そんな七条通に昭和半ばのノスタルジックな空気を漂わせるボン。素敵な看板に誘われて入ってみれば、セルフサービス方式のいたってカジュアルなお店でした。

スープ付きのオムライスは、奇をてらわないオーソドックスなおいしさ。スパイシーなソーセージに、ケチャップの甘さがよく合います。

西田さんは四十年前、二十歳の若さでボンを引き継ぎました。

「お店じたいは六十年くらい前からあって、僕は休暇中にこの店にちょっとお手伝いに来てたんです。オーナーが年配で、よかったらこのままやらないかと言われて」

当時、西田さんは外国航路の船員。十八歳で初めて船員としてロサンゼルスに向かい、料理の基本も船の厨房で覚えたのだそうです。

　しかし、ボンを引き受けたものの、気分はまさに陸に上がった河童。

「船の上では見渡す限り海だから、ごちゃごちゃしたことは考えない。陸の生活になじむまでには、思ってた以上に時間がかかりました」

　しかし、船で身につけた智恵が心を軽くしてくれたようです。お天気には逆らわない。嵐からは逃げる。

「空を見上げたら雲が流れてるじゃないですか、風にまかせて。そんな生き方がもう最高よ」

　壁の大きな世界地図には色とりどりのピンが並び、その横に各国の紙幣が貼りつけてあります。海外からの旅行客が自国にピンを刺していくのだそうです。ヨーロッパ、アジア、アメリカ、中東。中国の人は手編みの御守りを地図にピンで留めてくれたそうです。

　ふと気づけば日本地図は、全国を代表して京都にピンが一本だけ。

「次に来たら、東京にもピンを刺していいですか?」と聞けば、もちろん、とマスター。

　数か月後、再びボンの扉を開けた私を迎えてくれたマスターの第一声は「ついてるね!」でした。毎月十日、二十日、三十日にはコーヒーを十円、二十円、三十円でサービスしていて、ちょうどその日だったのです。

　私はパスタと三十円のコーヒーを注文して、約束の通り、世界地図の東京上空に赤いピンを刺したのでした。

CAFÉ
BON
COFFEE
¥300
COFFEE

■ カフェボン

京都市下京区真苧屋町 217

Tel 075-351-7090　8:30 〜 19:00　日休

JR「京都」駅 2 出口（烏丸地下道）より

徒歩 1 分、

市バス「烏丸七条」下車 1 分

map…p186-12

menu

コーヒー　300 円

エスプレッソ　360 円

カプチーノ　400 円

カフェラテ　430 円

パスタ　600 円

オムライス　650 円

Kyoto 28

NOILLY'S coffee & spirits 河原町

お酒のち珈琲。または、珈琲のちお酒。カウンター六席だけのシングルモルトの名店で、まず最初に珈琲を注文する人もいるそうです。正気に返ってから呑み始めるのでしょう。中には珈琲だけのお客さまも。

店主の野杁さんは以前営んでいたバーと同じビルにあったリドルで「旨い珈琲ってあるんや」と強い印象を受けて珈琲飲みになりました。そのリドルが閉店し、やむなく自分で淹れ始めた珈琲が評判に。

「〝飲んだ感〟のある珈琲が理想。モルトに求めるものと同じですね」

懐の深い人柄も素晴らしいのです。

ノイリーズ コーヒーアンドスピリッツ
京都市中京区紙屋町 367 たかせ会館 2F
Tel 090-3672-2959　17:00 〜 26:00　火休
阪急電鉄「河原町」駅 3 出口より徒歩 2 分、
市バス「四条河原町」下車徒歩 2 分
map…p184-1-i

menu
ブレンドコーヒー　500 円〜
ストレートコーヒー（各種）　500 円〜
ジントニック　800 円
モルト　900 円〜

Kyoto 29

ぎやまん

河原町

どこが入口かしらと若干とまどいながらビルの二階へ上がると、カウンター十席だけの喫茶店が家庭的な空気で迎えてくれます。

ぎやまんの名物は三つ。なんと御年八十歳という素敵なママ（昼担当）と看板犬の杏こママ（夜担当）、そして、スクランブルエッグとマヨネーズをのせたカレーです。

カレーは娘の片山久美子さんの手作り。鶏ガラや牛スジ肉をじっくり煮込んでとるコラーゲン豊富なスープが、ママのお肌を美しく保っているのでしょう。夜はカレーのルウを肴にビールを楽しむのがツウです。

ぎやまん
京都市下京区貞安前之町 619
Tel 075-351-7610
昼の部 9:00 ～ 19:00　水木休
夜の部 19:30 ～ 23:00　木休
阪急電鉄「河原町」駅 10 出口より徒歩 1 分、
市バス「四条河原町」下車徒歩 2 分
map…p184-1-j

menu

ブレンドコーヒー　380 円
カフェオレ　480 円
カレーセット　800 円
（11:00 ～ 15:00、カレー単品 600 円）
ビール　500 円

Kyoto 30

喫茶チロル

二条城前

早朝六時から始まるモーニングとボリュームのあるランチ、一九六八年の創業以来変わらない、山小屋のような佇まいが人気のチロル。

チョコレート色の店内には、みんなに「お母さん」と親しまれる秋岡登茂さんの姿があります。

「ずっといるから『お母さんはこの店の壁やな』と言われるの（笑）もう古くてすきま風だらけやけど」

寒い日は早めにストーブを炊いて店内を暖め、お客さまを迎える準備を整えます。

「父が大工、弟が大工。二人がしっかりお店を建ててくれたから四十六年続けてこられました」

自慢のカレーは淡路産の玉ネギをベースに、フルーツやコーヒーなどの隠し味を加えて作ります。

menu

ブレンドコーヒー　350円
カフェ・オーレ　400円
カレーライス　650円
オムライス　700円
カレースパゲティー　680円
※ 6:30 〜 11:00 はモーニングメニュー

きっさチロル
京都市中京区門前町 539-3
Tel 075-821-3031　6:00 〜 19:00　日祝休
地下鉄東西線「二条城前」駅 3 出口より徒歩 4 分
map…p186-5-a

Kyoto 31

喫茶ウズラ

円町

きっさウズラ
京都市中京区西ノ京中御門東町 104-3
Tel 075-200-5534
8:00 ～ 18:00、土日祝 10:00 ～ 18:00　火休
JR 山陰本線「円町」駅より徒歩 4 分
map…p186-13

menu

ホットコーヒー　350 円
紅茶　400 円
ミックスサンド　650 円
ナポリタン　600 円
チョコレートパフェ　600 円
モーニングサービス　430 ～ 580 円

てっきり廃業した古い喫茶店を惜しんで居抜きで始めたお店だと思ったので、入口以外は店主の萩野純子さんが新しく造ったと聞いて、驚嘆してしまったのです。

イメージの原点は静香や、商店街にある無名の所帯じみた喫茶店だそうですが、素晴らしい再現力です。繊細なタイル貼りのカウンター。天板の色。列車のボックスシートを思わせる椅子の風合い。その床の段差にも貼られているタイル。ディテールへの執念を感じます。

「昭和喫茶リバイバル」を徹底してやりたいと、メニューも懐かしいパフェやナポリタンをまじめに手作りして好評を博しています。唯一の瑕《か》疵《し》は、センスの良さがかいま見えてしまうことかもしれません。

Kyoto 32

ユニオン

烏丸御池

時の流れに身を委ねたユニオンは、やや後ろめたい気分で仕事をさぼるには最適の場所と思われます。

町家の一角を改装して一九五三年に創業。呉服産業の繁栄とともに、お店は壁を抜いて奥へと何度も拡張され、そのたびに坪庭や台所が改装されていきました。床に残る段差や天窓に各部屋を繋いだ構造がしのばれて、興味が尽きません。

「もとは白壁だったんですが、内装をした人が画家で、途中から絵を描き出したそうです」と、祖父からユニオンを受け継いだ佐藤さん。

音楽療法士がここで開く「うたごえ喫茶」の催しは毎回大盛況で、シニアたちの歌声が、かつて忙しげな悉皆屋《しっかいや》さんでにぎわった空間に優しく響き渡るのだそうです。

ユニオン
京都市中京区蛸薬師町 281
Tel 075-231-0526　7:30 〜 17:00　土日祝休
地下鉄烏丸線「烏丸御池」駅 2 出口より
徒歩 3 分
map…p185-2-h

menu

ブレンドコーヒー　350 円
カフェオーレ　400 円
ミックスジュース　450 円
トースト　250 円〜
サンドウィッチ　700 円〜

Kyoto 33

鳥の木珈琲

丸太町

「店名に鳥の付くカフェは当たり」という私のジンクスを裏づけてくれる、大人好みの可憐さを湛えた喫茶店は、二〇一四年春に誕生したばかりです。自らの手でタイルを貼った床に、英国のアンティーク家具。

「ひとりの時間を楽しみに来ていただけたら」と、店主の川村さおりさん。開店前に手鍋でコーヒーを焙煎してみて料理との共通点を感じ、自家焙煎を選択したそう。

カウンターの奥に置かれた大阪のハマ珈琲製の一キロ釜焙煎機は「タイムマシンみたいでしょ（笑）」

新鮮な豆を一杯ずつ抽出するコーヒーにも、生クリームを入れず、卵黄をたっぷり使って蒸し焼きにする昔ながらのプリンにも、おもてなしの気持ちがこもっています。

menu

コーヒー（各種）　400円〜
紅茶（各種）　450円
プリン　300円
キャロットケーキ　300円
ドライカレー　800円
※コーヒーのおかわり　200円

とりのきコーヒー
京都市中京区山中町 542
Tel 090-6667-0499
8:00 〜 19:00　水・第 3 日休
地下鉄烏丸線「丸太町」駅駅 7 出口より徒歩 4 分
map…p185-2-i

Kyoto 34

エスプレッソ珈琲　吉田屋

三条

現存する京都最古のエスプレッソ専門店のマスター、谷康二さんが亡くなりました。お店は奥さまが続けていて、ご近所さんや京都観光に来るたびに立ち寄るというお客さまを変わらぬ味で迎えています。

　私が初めてお店を訪れたのは肌寒い夕方のこと。お洒落なマスターと五歳年下の奥さまの息の合ったおしゃべりが楽しくて、いかにも先斗町界隈らしい店内の飾りについて、気軽に訊ねることができたのです。

　カウンターの天井にぐるりと貼られた名前入りの団扇《うちわ》は、芸妓さんがお得意さまやなじみのお店に配るのだと教えてもらいました。

　京都で初めてエスプレッソを出したお店は「ちきりや」。谷さんはそこへ家業だった油の配達に行ってエスプレッソに出会い、一九七四年にガレージを改装してエスプレッソ専門の喫茶店を始めたのだそうです。

　初代エスプレッソマシンはイタリアのガジア社製。四代目からチンバリ社製に変わりました。

「日々の苦労といったら、コーヒーの味以外に何をプラスして提供できるかでしょう」と語っていたマスター。座右の銘をお訊ねしたら、

「日々是遺言《ひびこれゆいごん》や（笑）」

　その笑顔と粋な冗談こそが、何よりのプラスだったのだと思います。ごちそうさまでした。

menu

ブレンド　500円
アメリカン　500円
モカ　550円
カフェオレ　600円
エスプレッソ　450円
純金コーヒー　1000円

エスプレッソコーヒー よしだや
京都府京都市中京区木屋町三条下ル
一筋目東入ル
Tel 075-211-8731
11:00 ～ 22:00　火休
京阪電鉄「三条」駅6出口より
徒歩3分
map…p185-2-j

Kyoto 35

TEA ROOM 扉

二条

大正時代に発足した京都三条会は、京都随一の長さという八百メートルのアーケードの下に、麦藁色の小さな古い食堂や新しい町家カフェがまばらに続く商店街。

その一角で、クリームソーダやパフェの見本が並ぶサンプルケースを背景にして外国人観光客が記念撮影している……と思ったら、そこがティールーム扉でした。

店内に入ると、七〇年代のクールさを漂わせるシンプルな内装が少しも古びていない光景に目をみはります。奥のコーナーには、インベーダーゲーム付きのテーブルも違和感なく溶け込んでいました。

注文した玉子トーストはゆで玉子ではなく、温かい玉子焼きをはさんだ作りたて。

白シャツに蝶ネクタイの店主、出口さんが「ゆで玉子は大量に作りおきして、いろんなものに使えるけど、玉子焼きは注文を受けるつど焼いて、すぐ出さないとおいしくない。喫茶店のサンドの基本は玉子焼きだと思います」と、街の喫茶店の小さな矜持を語ってくれました。

扉は一九六三年に開店し、七〇年前後に一度改装を加えて以来、壁のクロスや椅子を張り替える以外はこ

のインテリアのまま続けてきたそうです。アクリル板のパーティションは改装時に加えられたもの。

「珍しいと言われて記念撮影もよくされるけど、当時はこれが普通やったんですよ。僕は昔からやってきて、特に困ることもなかったからそのまま続けてるだけです」

それでも五十年以上に渡って毎朝、同じ仕事を繰り返してこられたことには秘訣があるのではないでしょうか？

「コーヒーはね、自分が点てて、自分でおいしいと思うた味でないと駄目なんですわ。好きじゃないけど店で売れそうだから出すというのは、絶対に崩れてくるんです。うどん屋さんだろうが鰻屋さんだろうが、長いことやってはる店というのは、いかにも頑固そうに味を守っているようにとられるけども、そうやなしに、いつも自分の好きなものを、自分も食べたいしお客さんにも提供したいだけなんやないかな。そう大層なもんやないけども」

それは説得力のある言葉でした。七十代になって体は辛くても、常連客に請われ、営業時間を短くしてなんとか続けています、と出口さん。そういうお店は街の宝物です。

menu

コーヒー　330円
カフェオーレ　330円
クリームソーダー　450円
チョコレートパフェ　500円
ホットドッグ　270円
ホットケーキ　350円

ティールーム とびら
京都市中京区壬生馬場町 14-3
Tel 075-841-4620
8:00 〜 16:00　日月休
JR 山陰本線・地下鉄東西線
「二条」駅東口より徒歩 6 分
map…p186-5-b

六曜社対談

奥野修さん × 奥野薫平さん

1950年に故・奥野實さんが開業した六曜社は三代続く京都の名店。現在は息子の修さんが地階、その息子の薫平さんが一階で活躍しています。父と息子である二人に語っていただいた、喫茶店の現在。

喫茶店を継ぐことに抵抗は?

奥野修（以下「修」）　僕は喫茶店に生まれて、そのまま喫茶店やってるだけなんで、悩んでないですね。単に合っていたということもあるし。

奥野薫平（以下「薫」）　僕は喫茶店がほんまに好きやし、修さんは家の中では仕事の話も、継ぐという話もまずしないから、気負いはなかったですね。

川口（以下「川」）　薫平さんには、父親が有名すぎるというプレッシャーがありませんか?

修　そういう意味では、僕の父も「東の風月堂、西の六曜社」と言われて、六〇年代の反体制派の拠点とされてたような存在ですよね。

川　じゃあ店内でみんなが実存主義がなんたらとか議論してました?

修　僕はそういうのを目の当たりにしてました。今でもうちは座って二時間、三時間と話していく人が多いですよ。なんでかはわからないけど。

薫　その光景を見てるから僕も、じつはみんなこういうことを求めてるんじゃないの?　と希望を抱けます。

修　そこで問題になるのは、お客さんに自由にしていただいて、どう経営を成り立たせるかということですね。チェーン店がパソコンをするなと言い始めたけど、昔の日本の喫茶店が衰退していった時と同じ状況になってる。昔も回転率ということを言い出して、喫茶店に「ノートを開くな」と注意書きがあったりした。結局そういう喫茶店は全部駄目になったんだけど、面白いのは、自家焙煎の店はわりと残ってたんです。珈琲豆を売れるから、テーブルのお客さんにそんなにやかましく言わなくても、のんびり経営してるように見せられる。僕が自家焙煎を始めたのは、そのこともありますね。

川　利益を上げることと、お客さまにゆっくりしてもらうことのバランスは、喫茶店の永遠の課題ですよね。薫平さんはこの厳しい状況で続けていく自信はありますか?

薫　自信過剰だとママ※に指摘されて(笑)やっていけると思ってることが甘い、と言われるけど不安はないんです。六曜社に入る前に、他のお店が販路を拡大して売上げを伸ばしていく手段も見て知ってるから。お店が残っていくためにやらなきゃあかん部分と、お客さんを裏切らずに六曜社であり続ける部分のバランスをどうとるかだと思う。でも、お客さんが理想とする六曜社でありたいと思ってます。

川　裏切るとは、味を落とすとか?

薫　お客さんを「さばく」感じですね。修さんのいいところは、販売用の豆をカウンターに並べておかないこと。

奥野修さん・淡々と珈琲を淹れ続ける姿は、全国の珈琲店主の精神的支柱でもある。

修　包装して並べておけば、ください と言われたらすぐ渡せるけど、その日に全部売り切れなかったら、そのまま並べといて次の日も売るでしょ? そうすると人間はどんどん怠惰になって、倉庫に三か月分貯めておくのが効率的みたいな話になる。

川　鮮度が落ちますね。

修　お客さんはたいてい帰るときに豆を頼んで、「時間がかかるから座っててください」と言うと、待てなくて帰る人もいるんだけど、僕はそこで問いかけをしてるつもりなんです。

川　問いかけだと気づく人は、どれくらいいるんでしょうか。

修　まあ、いないね(笑)

薫　人の言動の意味を想像してほしい。でないと、喫茶店に来る意味って何なんだ、と思います。

修　街に出てお店に入ったりするこ

※六曜社一階の店主のこと。薫平さんの祖母にあたる。

とは、昔は社会や世間を学ぶということだったからね。

薫　今はみんな街に自分の居場所を作ろうとしてて、それはいいことなんだけど、でも、お店は私物ではないから境界線は引かなあかんと思う。

川　お二人で経営方針を話し合ったりするんですか？

薫　ないですけど、修さんの考えはいろんな雑誌で読めるから知ってるというか（笑）

川　雑誌で知るんだ！（笑）

薫　あとは人づてで修さんのエピソードを聞いたり。修さんは自分がいいと思うことはスジを通すという信念があるだろうから、僕がどうこういうことではないと思います。

「百年続ける」という言葉の重み

川　お互いに要望はありますか？

修　僕からひとつ言えるのは、理想が高すぎて毎日の作業がついていってないんじゃないのということ。六曜社を百年続けるって最初に言っちゃってるでしょ。百年続けた後で、よくやったなと言われたら「毎日ちゃんとやってきたからです」と言えば格好いいんだけど、最初に百年続けると言って、そこに行きつくまでの仕事が雑と言われちゃったら格好悪いじゃない（笑）

薫　格好なんて、僕にはどうでも。

奥野薫平さん・「喫茶 fe カフェっさ」を3年半経営後、2013年から六曜社へ。

修　僕の格好いいというのは、本当にちゃんと生きてるかということ。オーナーでも毎日皿洗いして、珈琲を点てて掃除してというのを丁寧にやってないと、目線が変わってしまう。

川　薫平さんが焙煎した珈琲を飲まれたことはありますか？

修　ときどき飲みますよ。僕がチューンナップしてる焙煎機を使ってるから、あまり失敗を経験してない。それは弱点やなと思います。焙煎セミナーに行けば簡単に答えがもらえるけど、自分で試さない人は想像力が足りない感じがしますね。昔、高校生が珈琲を飲みに来て、「ドリップに使う白いペーパーと茶色いペーパーとあるけど、どう違うんですか」と聞いてきた。僕は「家に帰ってペーパーにお湯をかけて、そのお湯を自分で飲んでみなさい」と言ったんです。彼は本当に試し

て、先生に報告したらめっちゃ褒《ほ》められたと言いに来てくれました（笑）

薫　僕はうまくいきすぎてるんでしょうね。僕を否定してくれる人もいないんですよ。みんな僕の考えに「そうだよね」と共感してくれる。

修　いや、間違ってはないんよ。その意志を決定している根幹の魂の強さがあるかというところで、まだ弱いんじゃないのと。魂の強さを作るには、ひどい失敗をする必要があると思う。

川　修さんは失敗されました？

修　もう恥ずかしくて言えないような失敗を一杯してますよ。

音楽と珈琲の関係

川　修さんは自分で歌を作って歌う人としても知られてますね。

修　仕事で汗を流して、「今日も一日終わったな」と言ってビールを飲んで、そこで歌う歌が最高なんです。昔からの音楽ってそういうものだと思う。珈琲は生きるためにやってます。音楽を基本にしてすべてを考えます。仕事をちゃんとやるということが歌の糧になるんで。ジョルジュ・ブラッサンスやカルトーラのように、七十、八十を過ぎてからもいい音楽を作り続けるのが理想。八十になったら八十歳のいい歌を歌いたいね。

薫　修さんにとっての音楽が、僕は珈琲になったんやと思う。死ぬまで歌ってたいというのといっしょで、死ぬまで現場に立ち続けたいと思います。

資本主義の終焉を生きる

修　珈琲はちゃんと扱えば豆ごとにいい味になるんだから、「最高の珈琲はこれだ」じゃなくて、普通にこうすればおいしいということを伝えたい。お客さんが基本的なことを本当に知らなくて、珈琲を粉で買っていく。いつまでたってもそうなんです。それは日本の珈琲業界がうまいこと売ることしか考えてないからでしょ。そういうことに気がついてる人に来てもらって、おいしい珈琲だなと思いながら本をゆっくり読んでもらえればと思ってます。まだこういう場所もあるんだぜ、くらいは言いたいですね（笑）

▍六曜社（ろくようしゃ）
京都府京都市中京区
河原町三条下ル大黒町 36
Tel 075-221-3820
（地下店 075-241-3026）
8:00 〜 22:30（LO22:00）
（地下店 12:00 〜 18:00、
BAR18:00 〜 23:30［LO23:00］）
水休
京阪電鉄「三条」駅 6 出口より
徒歩 3 分
map…p185-2-k

第2章 大阪の喫茶店

愉しきゴールデンタウン

Osaka 1

純喫茶アメリカン

なんば

American

大阪出身の料理家、小林カツ代は著書の中で純喫茶アメリカンのカツサンドとホットケーキを熱を込めて賞賛していました。

「上等のビーフカツが、薄く上品に焼かれたトーストにはさんである、それは繊細なサンドイッチですの」

大阪屈指のこの名店は、良質の素材と創業当時からのレシピにこだわり、ほぼすべてを手作りしています。パフェやメロンジュースに用いるのは静岡産のクラウンメロン。厨房ではあんを炊いたり、寒天を作ったりの仕込みが続きます。

料理家が愛したもう一品のホットケーキは、近頃では若い人々にもたいそう人気。焼き上がったホットケーキはナイフを入れて六等分し、バターを塗ってふわふわの生地にしみこませてからテーブルに運ばれてきます。その理由を三代目の経営者、山野陸子さん・誠子さん姉妹は「食べやすさも味のうち。冷めないうちに楽しんでいただきたいから」と説明します。

「シロップも良い蜜を使って、ふわっと甘いけど、くどくならないように調合するんです。お客さんにメープルシロップないの？　と聞かれることもあるけど、メープルはこのホットケーキには強すぎるんです」

終戦間もない一九四六年にこの店を開いた祖父・山野勝次郎さんは厳格で商売一筋、年中無休で働き通したそうです。

「自分たちの生活は質素そのもの。儲けはすべてお店につぎ込んで本物を提供した。だからお店がなんとか残ってこられたんです」と、幼い頃からお店の手伝いに駆りだされていた姉妹は口を揃えます。

テレビ放送が始まったばかりの昭和三〇年代には、いち早くアメリカ製テレビを導入。力道山の試合がある日には人々がつめかけて、当時木造二階建てだった店舗が倒れるのではないかと肝を冷やしたそうです。

その店舗は隣家からの出火で半焼してしまい、一九六三年に火災に強い鉄筋五階建てに生まれ変わりました。デザイナー多井幸男に依頼して技術と贅を凝らした空間は、七五年の改装以来、現在もきちんと手入れをして保たれ、ミッドセンチュリーモダンの魅力を発散して平成生まれのお客さまを喜ばせています。

吹き抜けの豪奢なシャンデリア。二階には白蝶貝を使ったパーティション。優美な曲線を描く螺旋階段。壁を飾る巨大なレリーフは彫刻家、村上泰造の作品です。大阪市は二〇一三年にこのお店を「生きた建築ミュージアム」に選定しました。

親愛の情と共にお店の記憶を語ったのは、小林カツ代ばかりではありません。アメリカンはかつて演芸の中心地だったミナミの街の憩いの場として、幾多の名優たちに愛されてきました。常連客のひとりだった喜劇役者の藤山寛美は、姉の陸子さんを「いとはん」、誠子さんを「こいさん」と呼び、結婚したての有名歌手が近くの劇場で公演をおこなった時には、お祝いとしてアメリカンに二百個近いショートケーキを注文し、楽屋に届けさせたといいます。

「余るのはかまわないけど、足りなくなるのは困るからって」と、喜劇役者の心意気に想いをはせる姉妹。きっと同じ心意気が彼女たちにも、二代目をつとめた母・華代子さんの優しい笑顔にも宿っているのです。

じゅんきっさアメリカン
大阪府大阪市中央区道頓堀 1-7-4
Tel 06-6211-2100
9:00 〜 23:00（火〜 22:30） 月 3 回木不定休
地下鉄「なんば」駅 15A 出口、
「日本橋」駅 2 出口より徒歩 4 分
map…p188-15-a

menu

ブレンドコーヒー　550 円
ミックスジュース　720 円
カスタードプリン　980 円
ホットケーキセット　570 円
ビーフカツサンドセット　1700 円
モーニング　460 〜 770 円

COFFEE

Osaka 2

伊吹珈琲店

日本橋

古くから大阪の台所を担ってきた黒門市場には、小さな鮮魚店が軒を連ねています。仕入れに通う板前さんたちが立ち寄るのが「日本一濃いコーヒー」を自負する伊吹珈琲店。かつて丸福珈琲店だったお店です。

創業者の伊吹貞雄さんは千日前、ついで黒門市場に丸福珈琲店を開き、二人の娘さんがそれぞれを受け継ぎましたが、やがて町の個性が二店の個性の違いを生んでいきます。

演芸関係者が闊歩する千日前店が華やかなビルに生まれ変わり、より多くの人に愛される場所へと発展していったのに対して、黒門市場店は昔ながらの極深煎りコーヒーにこだわり、一九九〇年から店名を伊吹珈琲店と変えて、イタリアンローストよりもさらに深い「炭になる一歩手前」まで人がつきっきりで少量ずつ焙煎しています。

「濃いけど、いつまでも舌に苦みが残ったりはしないでしょう？　品質の高い豆を選んでいるから甘みがあるんです」と、三代目の伊吹憲治さんは柔らかな口調で語ります。

味は時代と共に少しずつ進化しながらも、常に一瞬ぎょっとするほど濃厚、そして端正。角砂糖とミルクを加えて良い塩梅になるよう計算されており、「十人のうちひとりでも『この味でなければ』と思っていただけたら」という憲治さんの言葉通り、この日店内には開店直後から三十年間にわたり毎日通っているという八十歳のマダムが悠然と新聞をひろげていました。初代が考案したドリッパーも健在です。

menu

ホットコーヒー　480円
アイスコーヒー　480円
ホットカフェオーレ　490円
カフェオレフロート　640円
玉子トーストサンドイッチ　540円
モーニング　500円〜

いぶきコーヒーてん
大阪府大阪市中央区日本橋 1-22-31
黒門市場内
Tel 06-6632-0141　7:00 〜 20:00　無休
地下鉄「日本橋」駅 9 出口より徒歩 1 分
map…p188-15-b

Osaka 3

アラビヤコーヒー

なんば

法善寺横丁。松竹座。古き良き大阪の気配を求めて人々が彷徨する路地に、一九五一年創業のアラビヤコーヒーがあります。目印は古い焙煎器と、ターバンの髭男のイラスト。創業者の高坂光明さんを手伝った弟さんが、アラビアンナイトの絵本を参考にして描いたものです。

ネルで数杯分まとめて点てるブレンドコーヒーは、すっきりと軽やかな飲み心地。昭和の大阪のコーヒーは濃厚至上主義で、薄いと「粉をケチっとる」と文句を言われたそうですが、創業者は「お前らの口にいちいち合わせてられるかい！」と信念

menu

ブレンドコーヒー　450 円
アイスコーヒー　470 円
クリームソーダ　570 円
ホットケーキ　570 円
アラビヤサンド　620 円
自家製コーヒーゼリー　520 円

アラビヤコーヒー
大阪府大阪市中央区難波 1-6-7
Tel 06-6211-8048
10:00 〜 19:00（木金土祝前日〜 22:00）
水休
地下鉄「なんば」駅 15A 出口より徒歩 2 分
map…p188-15-c

を貫き通したのだそうです。

その短気ながらも愛すべき人柄とコーヒーが親しまれて、お店は歌舞伎役者たちの休憩場所として有名に。現在は二代目の高坂明郎さんが味と空間を大切に受け継いでいます。

壁を飾る素晴らしい木彫り作品は先代と二代目の合作。四十年前の改装から変わらない店内は、先代手作りのスツール、山小屋風の二階と、出汁《だし》の利いた味わいです。

「歌舞伎は作り手が現代人に理解してもらう努力をしてるし、お客さんも基礎を勉強してる。両方のそんな姿勢が大事なんとちゃうかなと思います。地元で愛されてきた本当の食文化も同じように継承したいですね。たこ焼き、お好み焼き、串カツだけが大阪じゃあらへん」

Osaka 4

リスボン珈琲店

淀屋橋

なんて喫茶心をかきたてる、魅力的な佇まい！　背もたれに鳥とLISBONの文字が彫られた、つややかな飴色の椅子は、飾って眺めていたくなるような貴重品です。

一九五九年創業。店名は世界的に流行した甘美な旋律の名曲『なつかしのリスボン』からとられました。

夕方の静かな店内で、おっとりした優しい口調で迎えてくれたのは一九三六年生まれの西口知子さん。

「結婚するときに、主人は自分の嫁さんに商売をしてほしいのんで商売人の娘さんを探してた、いうことで私が（笑）」心ならずも喫茶店を始めることになり、リスボンは勤め人たちの憩いの場になりました。道修町は古くから「薬の町」と呼ばれ、日本の名だたる製薬会社が本社を構えてきたのです。

昭和時代のリスボンは、お昼どきともなると食後のコーヒー休憩、煙草休憩をする会社員で満員。

「入社式のときに初めてうちに来て以来ずっと通って、『定年退職します』と挨拶しに来てくれはった人もいてます。支店長会議があるとコーヒーの出前にもよう行きました」

やがて時が移り、東京へ本社を移転する企業が増えるにつれて、町の空気も変化していきました。長年の立ち仕事で脚を痛めた西口さんの両膝には人工関節が入りましたが、往年の常連客は、道修町を訪れるたびにその顔を見に立ち寄るのです。

今も想い出のこる
遥かな夢の都なつかしリスボン※

menu

コーヒー　350円
トースト　200円
ミルクセーキ　450円
ホットレモン　450円

リスボンコーヒーてん
大阪府大阪市中央区道修町3-2-1
Tel 06-6231-1167
7:30 〜 17:00　土日祝休
地下鉄「淀屋橋」駅13出口より徒歩4分
map…p187-14-a

※『なつかしのリスボン』作詞 Jose Galhardo, Amadeu Do Vale, 音羽たかし

LISBON
LISBON

LISBO

LISBON

LISBON
LISBON

MJB珈琲店 淀屋橋店

淀屋橋

ゴジラ映画の中で破壊された栄誉ある高級時計店といえば、東京では銀座の象徴的存在であり、かつては服部時計店だった和光、そして大阪では淀屋橋交差点に建つ石原時計店の石原ビルディングでした。

現代企業の大きな看板を掲げた外観からは想像しにくいのですが、ビル内に足を踏み入れると、一九三九年竣工の風格ある建物であることがうかがえます。螺旋階段を降りた地下一階には、六九年にMJB珈琲店の三号店として誕生した素晴らしい喫茶店があり、現在まで界隈の人々に愛用されてきました。

大阪の喫茶店の草分けと呼ばれた一号店は心斎橋に、二号店は上六にありましたが、現在はこの淀屋橋店のみ営業。一号店のテーブルや椅子は、豪華客船イル・ド・フランスが大阪で解体されるにあたり、甲板のチーク材を譲り受けて作ったものだそう。ランプも豪華客船から一号店へ、そして現在の淀屋橋店へと、場所と時を超えて輝き続けています。

店名の由来は「戦後、まだ心斎橋が焼け野原で代用コーヒーしか手に入らなかった時代に、PX（進駐軍専用デパート）になったそごう百貨店に並んでいるMJBコーヒーの缶を横流ししてもらって創業者が店を始めたらしいのですが、諸説あってようわからんのですわ」と三代目社長の横井純一さん。

お店でぜひ注文したい一杯は、才気溢れる創業者が五五年に考案した「七色の珈琲」。庶民がコーヒー豆さえ見たこともない時代に七種類

のコーヒーを作り、曜日ごとに「火曜日はブリティッシュ珈琲、水曜日はウインナー珈琲…」と定め、サービス価格で提供して評判を呼びました。MJB珈琲店で生まれて初めてウインナー珈琲を飲んだ、という大阪人も少なくないことでしょう。

創業者の秋山悟堂さんはコーヒーをこよなく愛し、自社のみならず大阪喫茶界の発展に尽力した人物。六〇年からは大阪喫茶店連盟の理事長をつとめ、月刊誌『喫茶大阪』の編集・発行にも情熱を傾けています。

彼の連載をまとめた『珈琲と喫茶店』は、当時の関西の喫茶店の空気と舞台裏を知るには最高の書。MJB珈琲店に残されていた一冊のページをめくると、藤浦洸と奥山儀八郎の序文、丸福珈琲店の創業者と神戸のにしむら珈琲の創業者を招いての座談会など、歴史的な光景の連続に息をのむばかり。そして当時から現在にいたるまで、コーヒーや喫茶店をめぐる言葉が螺旋状に回りながら、何周も繰り返されていることを再認識するのです。

三代目の横井さんは学生生活を京都で送り、イノダコーヒや六曜社などの喫茶店で長い時間を過ごしたそうです。MJB珈琲店入社後すぐに配属されたのは、忙しい心斎橋店の調理場でした。

「一年くらいするとコーヒーのブレンドをまかされるんですわ。僕は金曜日のメキシカンを担当しました。会長に試飲を持っていくと、メモが返ってくるわけですよ。あかんかったら配合を変えて、また持っていくんですが、最初のうちはボロカス書かれて緊張しました（笑）現在でもずっと毎日やってますよ。僕はメモを書く立場になりましたが、毎日テストしてます。今はコーヒー豆が安定してますから、あまり書くことはないですけどね」

何十年もの間、毎日続けられてきたその記録を見せていただきました。創業者がこだわった「焙煎したて・挽きたて・献《た》てたて」を誠実に実践してきたからこその現在。

つややかなダークブラウンの色調が心を落ちつかせてくれる店内は九二年に往年のイメージを損なわないよう改装されたもので、広い空間を巧みに仕切った居心地の良さは、読書にも打ち合わせにも、ただ放心するにも最高なのです。

menu

本日の珈琲　440円
ブルマン No.1　650円
ビーフカレー　780円
ミックスサンド　660円
オム・ストロガノフ　820円
モーニングセット　500円～

エムジェイビーコーヒーてん
よどやばしてん
大阪府大阪市中央区北浜4-1-1
石原ビルB1
Tel 06-6203-0078
7:30～20:00、土8:00～18:00、祝9:00～18:00　日休
地下鉄「淀屋橋」駅4出口よりすぐ
map…p187-14-b

Osaka 6

丸福珈琲店

千日前本店

日本橋

大阪を代表する名店は、とびきり濃厚なコーヒーと、星のようにちりばめられた常連客たちの〝大阪の粋〟を感じる逸話で知られています。

一九三六年に創業して約八十年。重厚で品格ある佇まいの千日前本店は一九九〇年に建て替えられたもので、コーヒーはもちろん、専用銅板で焼くホットケーキやモーニングを楽しみに、遠く海外からもお客さまが訪れています。

角砂糖をふたつ添えた大倉陶園のカップに、黒々と存在感を放つコーヒー。なぜ丸福のコーヒーはこれほど濃く、また「深煎りの極み」と称される深い焙煎にこだわるのでしょう？創業者の孫嫁にあたる伊吹るみさんにうかがいました。

「伊吹貞雄は西洋料理のシェフからスタートして『日本人が洋食のしめくくりに飲んで楽しめるコーヒー』を追究したのです。イメージのひとつは茶懐石料理の後に出される濃茶。もうひとつは、イタリア人との交流を通して知った食後の濃厚なエスプレッソでした」

当時の日本にはそんなコーヒーが存在しなかったことから、海外から機械工学の本まで取り寄せて独自に焙煎器や抽出器具を考案。現在も使用されているそのドリッパーが、濃茶にもエスプレッソにも通じる独特の味わいを生み出すのです。

「そして『コーヒー職人』と認められた技術を持つ人だけが、お客さまにコーヒーをお出しすることで、お店の味を守っているんです。ただし創業当時から全く味を変えていないわけではありません」

時代の変遷とともに品質の良いコーヒー豆が入手しやすくなったため、多種多様な豆を取り寄せては完成度を高めてきました。しかし、ブレンドや焙煎の基本は変えることなく、現在も焙煎には必ず会長や社長が立ち会ってローストの見きわめをおこなっているそうです。

進化するもの。変わらないもの。大切に手間のかけられたコーヒーを啜りながら丸福珈琲店で過ごす時間を愛した人々は数知れず。

「この本店は、ミナミのお商売の人々には応接間として使われてきました。『店先で商売の話もなんやから丸福に行きましょか』といってここで商談をされる。『どや、関東にこういうコーヒーはないでしょう』などと話の種にしながら、いっしょにちびちびと飲んで間合いを作ると、お話もスムーズに進むようです」

田辺聖子、山崎豊子をはじめとする小説家や吉本の芸人さんたちもよく訪れています。

二階の壁を飾る絵画は、常連客だった山田皓齋画伯から贈られたもの。若き日の彼は絵が受賞はしても売れないことに行きづまり、伊吹貞雄に「パリで絵を極めたいが、資金がない」ともらしたのだそうです。

「旅費は僕が出すから思いきってパリに行ってきてはどうですか。お金は返さなくていい。そのかわり、良い絵が描けるようになって帰国したら、葉書一枚の大きさの絵を描いて店内に飾ってください」

伊吹貞雄の粋な申し出を受けてパリ留学を果たした山田皓齋は、帰国後、百号もの大作を描いて丸福珈琲店に贈ったのです。

扉や床に施された装飾、店内に陳列された古い道具のひとつひとつに、人とコーヒーにまつわるそんな記憶が宿っているようです。

まるふくコーヒーてん
せんにちまえほんてん
大阪府大阪市中央区千日前 1-9-1
Tel 06-6211-3474
8:00 〜 23:00　無休
地下鉄「日本橋」駅 2 出口より徒歩 3 分
map…p188-15-d

menu

ブレンド珈琲　540 円
カフェオレ　550 円
特性ホットケーキ　550 円
チーズトースト　620 円
選べるケーキセット　940 円
モーニングセット　飲み物代〜

Get a Reputation for your
Coffee Marufuku

Coffee Marufuku
COFFEE SHOP
MAR

丸福珈琲店
丸福珈琲店

Osaka 7

ゼー六 道修町店

淀屋橋

創業百年を超えて親しまれるゼー六の名物は、昭和初期の懐かしいアイスクリンの味を伝える軽くさっぱりしたアイスクリーム。本町店でスタートし、東大阪店、この道修町店の三店をいずれも創業者三兄弟が開きました。

オフィス街にある道修町店は働く人々の憩いの場。店内でいただく場合はお皿の上に二個。お持ち帰り用は白いもなかの皮にはさまれて、なんとも魅力的な佇まい。

独創的な店名は幕末の「商人には無用の贅物六つ（禄、閥、引、学、太刀、身分）」に由来します。

お持ち帰りの人々が並ぶ本町店の店先

menu

珈琲　330円
アイスクリーム（2個）　350～450円
アイスもなか（2個）　130～195円※持ち帰りのみ

ゼーろく
大阪府大阪市中央区道修町2-5-9 イトヨシビル1F
Tel 06-6201-3706
7:30～18:30（テイクアウト9:00～）、
土日9:00～17:00、日祝休（10月～6月は土日祝休）
地下鉄「淀屋橋」駅13出口より徒歩4分
map…p187-14-c

Osaka 8

平岡珈琲店

本町

コーヒーとドーナツの黄金コンビで知られる平岡珈琲店は、初代の小川忠次郎さんが大正モダン期に銀座パウリスタで作り方を習得して一九二一年に創業。現在も三代目の小川清さんが自家焙煎をおこない、今では珍しいボイリング法で抽出。甘さ控えめ、昔ながらの正統的ドーナツを揚げて人気を博しています。

二代目の父、小川浩さんからレシピを受け継いだ清さんですが、「父は勘だけで作っていたから、お客さまに『今日は固いな』なんて言われることも（笑）僕は何度も計量してみてマニュアルを作りました。また、父は面倒くさがって全卵のまま泡立ててたんです。僕はしっとりしたふくらみを出すために卵白だけ泡立てて、卵黄はそっと混ぜています。シンプルなレシピですから、それ以外の基本は変えていません」

伝統と革新。変化する時代に対して常に同じスタンスでいるためには、核となる伝統を守りながら進化していかなければ、と清さん。

屋上にはフジローヤルの直火式五キロ釜の焙煎機。これも二〇〇〇年に清さんが焙煎を全て引き受けるようになって導入されたものです。

それまでブレンドのベースにしてきたモカ・マタリの安定した入荷が困難になり、グァテマラ・ウエウエテナンゴに変更。平岡珈琲店ならではの「深煎りで快い苦みがあり、後味がすっきりときれいなコーヒー」のイメージを壊さないように進化させました。

二十年ぶりに来店したお客さまを「ああ、昔と同じ味や」と感激させた一杯は、たっぷりのコーヒー豆を挽いて初代が使っていた鍋で煮出し、さらし木綿で漉して抽出します。えぐみが出ないよう一分以内で木綿を絞る熟練の手つきは、カウンターに座ればまのあたりにできますよ。

ひらおかコーヒーてん
大阪府大阪市中央区瓦町 3-6-11
Tel 06-6231-6020
7:30 〜 17:00（土〜 13:00）　日祝休
地下鉄「本町」駅 1 出口より徒歩 3 分
map…p187-14-d

menu

深煎りブレンドコーヒー　380 円
カフェオレ　400 円
ミックスジュース　400 円
手作りドーナツ　150 円
コーヒーのテイクアウト　300 円

Osaka 9

ばん珈琲店

森ノ宮

深煎りネルドリップ愛好家たちに敬愛された東京の名店といえば、もかと大坊珈琲店。それが二軒とも扉を閉じてしまったいま、大阪にばんという孤高の珈琲店が存在するのはなんと幸せなことでしょう。

基本のブレンドやアレンジ珈琲、飲み手を選ぶ究極の一杯「ばんブラック」のそれぞれに、店主、村上峰人さんが独自に磨きあげてきた焙煎と抽出の技が光ります。極限の深煎り。渓谷の清流を思わせる澄んだ苦みの中で、川底に射す光の網のようにゆらめいている甘み。

「僕にとって珈琲は大きな山。上の方がガスっていて、頂上がどこなのか、登山ルートはどこにあるのか、自分がいまどこにいるのかさえ全くわからず、四十年間ずっと悶々と悩む毎日です（笑）」とは、照れ屋で大言壮語を嫌う村上さんの弁。

されど、他者に影響されて自分の登山道を外れることのないよう一匹狼でいることを選び、先達に訊ねればヒントを得られそうな疑問にも時間をかけて自ら解決策を模索するそのスタイルは、強靭な意志と探究心なしには貫けないもの。

なにしろ、二代目に使用したドイツ・プロバット社の焙煎機から、三代目はあえて小さな炭の焙煎機に転換。炭火は火力のコントロールが非常に難しく、焙煎機のかたわらに七輪を置いて炭のかけらをひとつ足したり抜いたりしながら温度を一度変える、などという作業を毎日続けているのです。いったいなぜそんな手間のかかる焙煎を？

「あれこれ実験しているときに、コーヒー豆を米を研ぐようにして洗ってみたことがありましてね。その水が汚くなったことに驚いて以来、ずっと豆を洗ってから焙煎しているのですが、当然、豆の含水量は増えます。その水分をとばすのに一番いい燃料は何かを試していくうちに、ガスの鋭い熱よりも、炭のまるいような熱の方がうまく抜けると思うようになりまして」

何につけとことんやりすぎてしまう性分だと語る村上さんを、ケーキ作りを担当する奥さまが微笑しながら見守っています。美しいアンティーク家具や雑貨を配した風情ある空間は奥さまの嗜好。ミッドナイトブルーに塗った扉は英国製です。

夫妻は大学卒業後すぐに結婚し、「就職がままならなかったので喫茶店でもやろうかと」鴨野の地で開業。一年が過ぎるころ、珈琲そのものの面白さにのめりこむようになって焙煎業者と話しこんでいたら「『自分で煎りはったらどうですか』と、いきなり三キロ釜の直火式焙煎機を持ってきたんです。そこから慌てて学び始めました」

鴨野で三十年間親しまれた後、二〇〇三年に現在の場所へ移転してメニューを一新。念願だった珈琲だけの品揃えに削ぎ落とした結果、「お客さんも削ぎ落としてしまった」と村上さんは笑いますが、唯一無二の味を求める人々は全国各地からばん珈琲店を訪れています。

「コーヒーだけの店」と看板を出しているのは、お客さまへのメッセージであると同時に、「うちにはコーヒーしかないねんから手抜きはできない」と自分自身を戒めるためでもあるのだそうです。

数年前までは雑味の除去に専心。しかし最近は「雑味を全部抜いてしまうとおいしさも抜けちゃうんじゃないかと気づいて、雑味の良いとこだけ残そうと四苦八苦してますね。何をどう残すか、ひとつずつ検証していくところです」

珈琲という不思議な山は、登山者自身の大きさに比例して永遠に大きくなり続けるのかもしれません。

menu

ばんブラック　800円
ブレンドコーヒ B　550円
ブレンドコーヒ C　650円
貴婦人　900円
ケーキ各種　400円

ばんコーヒーてん
大阪府大阪市中央区森ノ宮中央 1-16-21
Tel 06-6942-1020　12:00 ～ 19:00　水休
JR「森ノ宮」駅北口、
地下鉄「森ノ宮」駅 7B 出口より徒歩 3 分
map…p188-17

HOME COFFEE

ばん 珈琲店
1973
Brazil

HOME COFFEE
SINCE 1973
ばん
HOME COFFEE
SINCE 1973
ばん

THURSDAY

Osaka 10

ミュンヒ

高安

ミュンヒを訪れた経験のある者どうしの合い言葉は、「スプーンのコーヒー飲んだ?」または「ブロマイドもらった?(笑)」です。マスターは初来店のお客には必ず立派なメニュー表と、美青年だった若き日の自分の肖像写真をプレゼントしてくれるのです。

カラフルな逸話に彩られた噂のマスター、田中完枝さん。ドイツ製のヴィンテージ・バイク「ミュンヒ」を誇らしげに店内に飾り、他所においしい珈琲店があると聞けば、全国どこへでも青いホンダ・スーパーカブ90に乗って馳せ参じる。バイクと詩とコーヒーに限りない情熱を注いで生きるその姿を、ある人は芸術家と呼び、ある人はクレイジーと呼んで肩をすくめます。

常識を超越したミュンヒの世界。正気の人間なら一杯のコーヒーには十五グラム前後の豆を使うところ、田中さんは一杯のデミタスコーヒーに百五十グラムもの豆を用いて、一滴ずつお湯を注いでいきます。

厚めのネル袋の底から最初の一滴がしたたり落ちるまでに、なんと二十分! 抽出完了までに五十分。急ぎの旅人にはお勧めできないけれど、待ち時間に退屈する心配はありません。心優しい田中さんが人生とコーヒーについてたっぷり語り聞かせてくれるのです。興が乗れば、中原中也に心酔して十四歳から綴り始めたというロマンティックな自作の詩を朗読する一幕も。

「詩は言葉のエキス。この一杯はコーヒーのエキス。飲むポエムや」そんな名言も飛び出しますが、語りに語って二、三時間経過はざら。そのせいで終電を逃すはめになった客人を自分の車に乗せて、目的地まで送り届けたこともあるとか。

おもてなしもコーヒー創作も、ミュンヒの神髄は「時間」。効率主

THE
MÜNCH
MENU
DIE

MUNCH 4
EINSPRITZER

Mr. Barrel

義に逆らい、惜しみなく時間を注ぎ込むことで醸し出されてゆく魅力。

一九八一年の開店当初は、オーソドックスな自家焙煎珈琲店でした。変貌のきっかけは何でしたか？

「店を始めて一年後に銀座のランブルに行ってカルチャーショックを受けてね、なんとかしてあのコーヒーを超えたいと思った。ランブルは生豆を長いこと熟成させたオールドビーンズを使うてるのに、ドリップは過抽出になったらあかん言うて短時間で作らはるんです。でも僕は豆におうた抽出時間があっていいはずやと考えて、五十分かけて点滴して抽出してみたんです。ほしたらね、すごくおいしいのがでけた！」

そうして独創的なコーヒーが次々に誕生することになります。そのひとつ、一キロものオールドビーンズを四時間かけて抽出する「スパルタン」は、決して舌を刺すような〝苦辛い〟味には陥らないのが自慢。

やがてたどりついた驚異の一杯がミュンヒ名物、熟成樽仕込み氷温コーヒーでした。前述のスパルタンをオーク樽に入れ、マイナス四度で貯蔵して約十九年！

豪奢なマイセンのカップに注がれるその液体は、一杯七万五千円なり。おいそれとは手が出ない価格ゆえ、スプーン一杯を試飲してみました。とろりとした漆黒の液体をおそるおそる舐めてみると……まるで芳醇なヴィンコット※のよう。

「十九年間ねかせるということは、もう人間の力の及ばない自然が支配する世界、神の世界やね」

まさに。それはさておき、マニアックなお客しか訪れませんよね？

「ヒマでつぶれない店こそ本物や。忙しい店はヒマになったらつぶれる」

すかさずうそぶく田中さんの姿が、ふと愛すべき淋しがりやの少年のように見えたのです。

menu

スパルタン　1200円～
シルクロード　1200円～
デミタスコーヒー　1600円～
№.1クリーム・チーズケーキ　800円
熟成樽仕込み氷温コーヒー19年物
7万5000円（スプーン1杯1500円）

ミュンヒ
大阪府八尾市刑部2-386
Tel 072-996-0300
6:30 ～ 25:30　不定休
近鉄「高安駅」より徒歩15分
map…p188-18

※ヴィンコット…赤ワイン用のブドウの果汁を濃縮し、オーク樽で四年以上熟成させた天然の甘味料。

Osaka 11

naked

淀屋橋

薄青色の扉の向こうの細長い空間に、自家焙煎のスペシャルティコーヒーと、まじめに手間をかけたおいしいものがあります。

開店前と閉店後に少量ずつ焙煎して新鮮な豆を用意。最近は果実味を強調した浅煎りが注目されがちですが、コーヒーならではの甘みを大切にして深煎りを追究。飲みやすいブレンドはサイフォンで、ストレートはペーパードリップで心を込めて抽出します。冷めてもおいしい一杯。

忙しい人々が憩いの時間を過ごせる場所。そこでは、コーヒーにも人間にも肩書はいらない――そんな意

図から「ありのまま」を意味する店名が選ばれました。

というのも、店主の森崎顕寛さん自身がアメリカでそんな体験をしてきたから。現地の飲食店で朝から晩まで働いた二十代の森崎さんにとって、夕方わずか十五分だけ与えられる休憩時間に通りの向こうのカフェでコーヒーを飲むひとときだけが心やすまる時間でした。

「黒人のおっちゃんとおばちゃんのカフェなんやけど、おばちゃんがすごい可愛がってくれはって」

エチオピアから渡米してきた彼女は、森崎さんが別れの挨拶に行くと自分がつけていたネックレスを御守りにと贈ってくれたのだそう。

上品でジューシーなかつサンド、のち、極深コーヒーの幸福。

menu

ブレンドコーヒー　430円
特製アイスコーヒー　430円
極深（きわみ）珈琲　510円
ヒレかつサンドセット（ドリンク付き）　990円
N.Y チーズケーキセット　830円

ネイキッド
大阪府大阪市中央区平野町 3-1-7
大阪屋セントラルビル 1F
Tel 06-6203-1759
月〜金 8:00 〜 19:00（LO18:30）、
土 11:00 〜 16:00（LO15:30）　日祝休
地下鉄「淀屋橋」駅 13 出口より徒歩 5 分
map…p187-14-e

Osaka 12

Le Premier Cafe

心斎橋

前著『東京の喫茶店 琥珀色のしずく77滴』では、良い喫茶店に必要なものとして四つの「こおひい」を挙げました。すなわち、心やすまる空間、おいしいコーヒー、控えめな店主、粋なお客さまの頭文字四つ。ここにはその全てが揃っています。

繁華街から避難してくる人々をそっとかくまう月光色のアンティークランプ。たゆとうコーヒーの芳香。低めの椅子でくつろぎながら声を落として談笑する人々。

カウンターに立ち、真剣なまなざしでペーパードリップしているのが店主の税所孝広さんです。長らく萩

menu

マイルドブレンド　620 円
ブラジル、マンデリンなど
8 種のストレートコーヒー　620 円
ストロングブレンド　620 円
ケーキセット　飲み物代 +360 円

ルプルミエカフェ
大阪府大阪市中央区心斎橋筋 1-3-28
ビギ 1st ビル 3F
Tel 06-6253-2567　12:00 〜 26:00
（金土祝前〜 29:00、日祝〜 24:00）　無休
地下鉄「心斎橋」駅 5 出口より徒歩 1 分
map…p188-15-e

原珈琲の豆を愛用してきましたが、二〇一三年に自家焙煎を開始。小型のディスカバリーを使って、マイルド、ソフト、ストロングの三タイプに分類したブレンドとストレートを少量ずつ焙煎しています。

「僕はお酒が飲めないから、外で食事を楽しんだ後はゆったりとコーヒーを飲みたいんです」

夜遅くに上等のコーヒーを落ちついて味わえる場所。ここはまさに税所さんの「自分自身が行きたいお店」なのです。

いま、お客さまに勧められて熱中しているのがトレイルランニング。二日間不眠不休で百六十キロの山道を完走し、人間の力を見直したとか。「走るのが好きな人はカウンターに座って話しかけてください（笑）」

Osaka 13

Mole & Hosoi Coffees

淀屋橋

昭和初期に建てられたビルの地下金庫室を改装した空間。その稀有なセンスは一見、先鋭的なカフェのようですが、中に入っているのは古き良き喫茶店の魂でした。

「頑張って働くサラリーマンがひとりで休憩しに来るのにふさわしい空間をイメージしました」と蝶ネクタイ姿の店主、細井立矢さん。彼自身も十年ほど会社勤めをしていきます。

そんな人々に寄り添うコーヒーだから、お店のこだわりを突出させるのではなく「なんとなくおいしく飲んでいただけて、飽きがこないこと」を大事にしているのです。


特別な普通。日常の中のかけがえのない時間。二〇〇八年の開店当初からの定番ホソイブレンドはフツウという名称に変わり、深煎りを求める人のために加わったモールブレンドはカモクと名づけられました。

「おすすめはなんですか?」「フツウです」——そんなやりとりもできるでしょ、とひねりを加えて静かに笑う店主。とびきりの「普通」は札幌の森彦、「寡黙」は名古屋のカジタがモールのために焙煎しています。

厚い壁と鉄の扉に守られたこの地下室は、ひとりの時間の流儀を持った大人には最高の基地なのです。

menu

ブレンドコーヒー　520円〜
スペシャルストレート　620円〜
渚ビール　800円
特性クロックマダム　560円
Mole ドッグ　500円〜

モール アンド ホソイ コーヒーズ
大阪府大阪市中央区伏見町 3-3-3 芝川ビル B1F
Tel 06-6232-3616　11:00 〜 21:00、土日 9:00 〜 19:00　月祝休
地下鉄「淀屋橋」駅 13 出口から徒歩 3 分
map…p187-14-f

Mole
STRUT
TERRIFYING MONSTERS FROM A LOST AGE!
THE MOLE PEOPLE

Osaka 14

珈琲艇キャビン

なんば

道頓堀川の橋のたもとに停泊する客船と見まがう喫茶店は、一九七五年に平谷夫妻がオープンしました。夫妻が初めてこの物件を見に来たとき、壁についていた本物の船舶用の丸窓が気に入り、豪華船の客室さながらに改装して操舵輪や帆船日本丸の模型を飾ったのだそうです。

「いまは船の窓に軽い素材が使われてるそうだけど、これは昔の窓だから重たいんです」と平谷佳子さん。

豊富な軽食メニューから一品を注文して川面に揺れる光を甲板ごしに眺めていると、自分がどこにいるのか、素敵にわからなくなります。

menu

ブレンドコーヒー　350円
モカジャバ　550円
ウィンナー珈琲　450円
チーズトースト　650円
ポパイサンド　800円
モーニング　350円

コーヒーていキャビン
大阪府大阪市西区南堀江 1-4-10
Tel 06-6535-5850
7:00 ～ 19:00（土 9:00 ～ 18:00、日祝 12:00 ～ 18:00） 不定休
地下鉄「なんば」駅 26D 出口より徒歩 3 分、JR「難波」駅北出口より徒歩 5 分
map…p188-15-f

Osaka 15

CAFE FLORIAN 四ツ橋

カフェ フローリアン
大阪府大阪市西区北堀江 1-12-9
パークコート北堀江
Tel 06-6541-0132　7:00 〜 19:00　無休
地下鉄「四ツ橋」駅 5 出口より徒歩 2 分
map…p188-15-g

menu

スペシャルブレンド　380 円
アメリカンブレンド　380 円
カフェ・オーレ　450 円
ケーキセット　750 円〜
モーニング　380 円〜

喫茶店の運命の鍵は、街が握っています。南船場で喫茶店を営んでいた坂本さんは、バブル期の一斉地上げで立ち退きになって堀江に移ってきました。初代店主が事情により後継者を探していたフローリアンの品格ある落ちついた内装が気に入り、そのまま受け継いで二代目店主に。

その堀江も大阪で一、二を争う変貌を遂げています。「このあたりは昔は家具屋さんが多かったけど、今はみんな服屋に変わってね」

客層も変化したそうですが、サイフォンできちんと点てるコーヒーとモーニングは変わらずに好評です。

リヴォリ

北浜

リヴォリ
大阪府大阪市中央区平野町 1-8-5
Tel 06-6222-4877
7:00 ～ 18:00（土～ 13:00） 日祝休
地下鉄「北浜」駅 5 出口より徒歩 2 分
map…p187-14-g

menu

ブレンドコーヒー　400 円
ウィンナーコーヒー　470 円
ロールケーキ　250 円
シュークリーム　150 円
サンドイッチセット　780 円

一九八二年に開店し、注文を受けてから作りたてのおいしさを提供することに徹してきた店主の堀敬治さん。地図を見ながら考えた店名は、ホリとリヴォリで素敵なダジャレが隠されています。

ホットコーヒーはサイフォン、アイスコーヒーはネルドリップ。午後からは少し濃いめ抽出するという細やかさには感心するばかり。

二〇一四年に息子の和紀さんが二代目店主となり、親子でおいしい焙煎豆を追い求めていこうと、店内に焙煎機も仲間入りしました。

フランスで料理とケーキの修業を積んだ和紀さんが手がけるパンとケーキは信頼感のあるおいしさで、陽の当たる小さな店内は朝も昼も界隈の人々でにぎわっています。

Osaka 17

喫茶サンシャイン

東梅田

〝手焼き〟のホットケーキが評判の創業四十二年になる喫茶店。セルクルを使えば形の整った厚焼きができるのですが、ここでは昔ながらの方法を守り、注文を受けてから店主の橋崎さんが小麦粉と卵、牛乳、ベーキングパウダーを混ぜてフライパンに流し入れます。

「シンプルだから、卵と牛乳のバランスによって出来が全然違います」

不揃いが愛しい一皿を「バターの涙」と命名しましょう。バターの塊はのせられた途端に、南国の美女の頬のようにしっとりつややかなキツネ色の表面を滑り落ちていくから。

menu

サンシャインブレンド　390円
ミックスジュース　500円
オムライス　670円
ホットケーキセット　780円
モーニングサービス　390円

きっさコーヒーサンシャイン
大阪府大阪市北区曽根崎 2-11-8
日興証券ビル B2F
Tel 06-6313-6797
7:00 ～ 21:30（土～ 20:30）、
日 8:00 ～ 18:30　第3日休
地下鉄「東梅田」駅7出口すぐ（地下直結）
map…p188-16-c

Osaka 18

喫茶 マヅラ

北新地

巨大なジョニーウォーカーのストライディングマン（闊歩する紳士）像が左手のステッキを失ったまま迎えてくれるマヅラは、大阪の喫茶店好きにはつとに有名なミッドセンチュリーモダンの殿堂です。

ひと目見て驚かされるのは、一九七〇年、つまり大阪万博の年に誕生した広いラウンジの宇宙ゴージャスな内装と、二十年近くすえおきのままだというコーヒー一杯二五〇円、ウィスキー一杯三五〇円のメニュー。駅前の一等地において、奇跡のようなサービス価格です。

聞いて驚かされるのは、創業者である台湾出身の劉盛森さんの大胆で陽気な人生譚。終戦後、闇市の一角に小さな喫茶店を開いたのがマヅラの前身でした。

広大な駅前再開発の先陣を切った大阪駅前ビル。その完成と同時に地階に入居したマヅラは、百坪ものフロアに「お客さまにひとときの夢を見てもらいたい」と、店内に無数のランプとその煌めきを乱反射する鏡面、色とりどりのガラス、当時流行のデザインをちりばめました。

土星の輪のようなひと続きのソファに座って談笑するグループ。ひとりで新聞をひろげる男性。無言の恋人たち。どんな人種も受けとめてしまうマヅラの懐の深さ。

店名は劉さんが学生時代に旅したインドネシアのマドゥラ島に由来するそうです。宿で働く美女に「将来お店を開いたら、この島の名を屋号にする」と約束したのだとか。果たされた約束。頭上を彩る球形のランプたちは、まるで宇宙空間に浮かんだ遊星のよう。そう、ここは人々の願いや欲望を星に変えて空中に浮かべる桃源郷なのです。

同じフロアにある姉妹店キングオブキングスも壮観です。

menu

コーヒー　250円
カフェオーレ　300円
クリームソーダ　330円
トースト　250円
ミックスサンド　500円
フルーツパフェ　550円

きっさ マヅラ
大阪府大阪市北区梅田 1-3-1 大阪駅前第1ビル B1F
Tel 06-6345-3400　8:00～23:00（土～18:00）　日祝休
地下鉄「西梅田」駅7出口
または地下鉄「北新地」駅3出口からすぐ
map…p188-16-e

Osaka 19

Y・C 梅田店

阪急梅田

ＪＲ大阪駅の高架下に一九六八年に開店したこの純喫茶は、界隈で働く人々や旅行者に朝食と安心感をもたらしてくれる一軒。古いコーヒーミルが飾られた階段をのぼると、天井の低さゆえに心落ちつくクラシカルな空間があります。

おすすめの「山本スペシャル珈琲」は、優雅な銀色スタンドにセットされたポットにたっぷり一・五杯分。店名のＹＣは関西エリアで業務用コーヒー卸業を展開してきた山本珈琲のイニシャルなのです。

太平洋戦争で途絶えていたコーヒー豆の輸入が再開されたのは一九五〇年のこと。山本珈琲はその年に創業し、大阪を中心とした喫茶店にコーヒーを届けてきました。歴史に想いを馳せながら、憩いの一杯を。

ワイ・シー うめだてん
大阪府大阪市北区角田町 9-21 新梅田食道街
Tel 06-6313-4462
7:00 〜 23:00　無休
阪急「梅田」駅 1 階正面西側口すぐ
map…p188-16-b

menu

ブレンドコーヒー マイルド　400 円
ブレンドコーヒー ストロング　450 円
山本スペシャル珈琲　610 円
ポークカツサンドセット　990 円
モーニング　430 円〜

Osaka 20

ニューY・C

阪急梅田

Y・C梅田店のすぐそば、迷路のような新梅田食道街の一角に一九七二年に誕生したこの姉妹店は、にぎわいの中で大阪の喫茶店の心意気をかいま見ることのできる素晴らしい老舗です。

焼きたての分厚いオムレツをはさんだ名物サンドイッチの味とともに、私の心に深く刻まれたのは、「食べものには横着しない」というマスターの信念でした。

なんと早朝五時半からの営業。開店と同時にコーヒーにトーストと小さなサラダ、または日替わりパンを付けるモーニングサービスが始まります。出勤の時間帯ともなると、店内はトーストとコーヒーで胃と目を覚まそうとする会社員たちで活気づくのです。

四十年間働いてきたマスターの鳥越さんは、毎朝三時半に起床してお店に入るそうです。冬など、東の空はまだ真っ暗ではありませんか?

「冬じゃなくても暗いけどね(笑)開いてるのは豆腐屋さんかうちくらい。でも出勤がつらいと思ったことは一回もない。思うとったら四十年もつとまらへん」

頼もしいことに、このお店は不景気なご時勢でも売り上げが変わりません。秘訣はなんでしょうか。

「場所がええからとみんな言うけども、隣の喫茶店も下の喫茶店もなくなった。食べものに関しては、店が横着したらあかんね。うちはみんな手作りで、カツサンドのデミソースも炊いて作ってる。大阪の人は厳しいから、横着したらお客さんは散っていくと思うよ」

コーヒーは「マシンはマシンの味しかせえへん」といって人の手でペーパードリップ。コールスローに使うキャベツも包丁を使ってせん切りにしています。電動スライサーを使えばあっという間に終了するはずなのですが。

「そら食感が全然違う。機械だときれいなんできるけども食感が違うよね。人の手で切ったせん切りは、同じように細くてもシャキシャキする。モーニングなんて百円の安さで付けるものだけど、お客さんに失礼のないようにやる。だから毎日切ってるよ。切りだめもせえへんよ。新鮮なのを出したいからね」

そう言うマスターの右手の人さし指には、見事に硬い包丁だこができ

ていました。

ほんの数口で食べ終えてしまうサラダにそんな誇りと手間が隠されていることを、新聞や会話の合い間に食べる人々は、はたして気がついているのでしょうか？　もしかしたらそれは、包丁から機械に変わったときに初めて「あれ？」と気づかれるものなのかもしれません。

レストランの板場※として活躍していたマスターが喫茶店勤務に変わったきっかけは、四十年前、当時のこのお店のチーフに新人教育を依頼されて指導に来たこと。

「ところが、僕が厳しいから板場が辞めてしもた。その責任を取らなあかんから次の人が入るまで思うて勤めたのが、この年まで（笑）」

なりゆきにも心意気があるのです。

食道街のざわめきを吸収して曇りなく輝くコーヒーポット、シュガーポット、ミルクピッチャーの三点セットは、カトラリーの老舗ラッキーウッド製。週に二回はスタッフが銀磨きで手入れをしています。

※板場…板前

● ニューワイ・シー
大阪府大阪市北区角田町 9-30
Tel 06-6312-0709
5:30 〜 23:00　無休
阪急「梅田」駅 1 階正面中央口すぐ
map…p188-16-a

menu

マイルドコーヒー　410 円
アメリカンコーヒー　410 円
山本スペシャルコーヒー　620 円
サンドイッチセット　770 円（単品 570 円）
ケーキセット　750 円
モーニング　470 円〜

Osaka 21

珈琲店スパニョラ

東梅田

地下街の雑踏の気配をやわらげるクラシック音楽と種類豊富なコーヒー。焼き茄子のトーストサンド※など、ここでしか出会えないおいしさに工夫が凝らされています。

先代から受け継いだウインナーコーヒーは、溢れんばかりの生クリームが魅力。スプーンなしでどうぞ。

二代目店主は西脇永憲さん。経営方針は「地味に地道に」と笑います。大切にしているのはお客さまとの約束を守ること。「営業時間はお客さんに対する約束なので必ず守ります。台風でまわりの店が早じまいしても、うちはたいてい開けてます」

※夏季限定

コーヒーてんスパニョラ
大阪府大阪市北区梅田 1-1-3
大阪駅前第 3 ビル B2F
Tel 06-6347-1177
8:00 ～ 20:45、日祝 11:00 ～ 18:00　無休
地下鉄「東梅田」駅 8 出口より徒歩 2 分
map…p188-16-d

menu

オリジナル・ブレンドコーヒー　400 円
プレミアム・ブレンドコーヒー　480 円
ウインナーコーヒー　580 円
生ハムのサンドイッチ　550 円
モーニング　飲み物代～（0 ～ 100 円で A・B・C セット）

Osaka 22

ダンケ 心斎橋店

心斎橋

神戸の珈琲店、御影ダンケが考案した名物「バターブレンドコーヒー」を使う珈琲店として二〇一〇年に誕生。重厚な店内で視線をとらえるのは、樹齢二百年の吉野杉の一枚板でできたカウンターと、ウェッジウッドなどの銘品カップ。神戸の面影を感じるスタイルです。

豆を丁寧に扱うことを心がけて一杯ずつドリップしている店主は黒木伸也さん。宝塚ダンケにお客さまとして通い、バターブレンドに魅了されたそう。「どなたが飲んでもおいしい珈琲というのは不可能ですが、これは最も それに近いと思います」

ダンケ しんさいばしてん
大阪府大阪市中央区心斎橋筋 1-2-22
サニーサイドプレイスビル 2F
Tel 06-6121-6239
11:30 ～ 26:00（日～ 24:00 ※月祝の場合、日～ 26:00 で月～ 24:00） 無休
地下鉄「心斎橋」駅 5 出口より徒歩 2 分
map…p188-15-h

menu

バターブレンドコーヒー 500 円
ストロングコーヒー 600 円
琥珀のエッセンス 700 円
紅茶 500 円
豚しゃぶサンド 850 円
シフォンケーキ 450 円

「甘苦一滴」編集人・田中慶一さんとトーク散歩

三都の喫茶店、
個性の違いはありますか？

関西を拠点に質の高いフリーペーパー「甘苦一滴」を作ってこられた
田中慶一さんをお迎えして、ばん珈琲店（神戸）のテーブルで
京都・大阪・神戸の喫茶店の魅力をうかがいました。

文化が香る京都の喫茶店
お店どうしのつながり

田中さん（以下「田」） 皆さんが京都と聞いてぱっと思い浮かべられるような喫茶店は、どこか文化的な香りがしてますよね。作家や大学の教授がよく来てるとか、アカデミック、アーティスティックなイメージがあります。

川口（以下「川」） ソワレとか進々堂とか、確かにそうですね。

田 フランソアは建物じたいが登録有形文化財だし。それから、喫茶店の横のつながりがあるのも京都らしさかもしれませんね。六曜社の修さん・オオヤミノルさん・かもがわカフェさんみたいなつながりから、深煎りの伝統が伝わっていってるなと。

川 意外なところで「イノダ出身つながり」のお店もありそうですね。

田　そう、神戸や大阪では「にしむら出身」とか「丸福出身」とかあまり聞かない。京都ほど明確なつながりはない感じがします。

川　京都は〝ご紹介文化〟という土地柄もあるんでしょうね。大阪の喫茶店はどう感じられますか？

「値打ち」に敏感な大阪には突出した喫茶店が生まれる

田　大阪は実用本位で、凝った店を作るよりは、平岡珈琲店さんとか丸福さんとか、みんなが来られるお店にする。とはいえ、商売気質というのか、独特なことをされる。

川　なにか、お店のチャームポイントを作るということ？

田中　丸福さんはドリッパーを考案したり、平岡さんは今もコーヒーを木綿で濾《こ》してたり。八尾には伝説の……

川　ミュンヒ？（笑）

田　飲みました？　ミュンヒがあるのが大阪かなと（笑）　マスターは原付バイクに乗って全国どこのコーヒー屋さんにでも行っちゃうから、あちこちの店で「この前、ミュンヒのマスター来ましたよ」という会話が聞かれる（笑）

川　この前、大阪のカフェノオトのオーナーも「来ました」って（笑）

田　あの人はそういう新しいコーヒー屋さんにも行くんですね？　とにかく、京都にはミュンヒさんのようなお店はできないでしょう。

編集者S（以下S）　東京にもできないです（笑）

田　ある意味、ミュンヒさんは東京のランブルさんにも対抗できるお店かもしれません。

川　ランブルじゃ笑いは出ないけど（笑）

田　笑いが出るあたりも大阪らしい。

川　大阪にはそういう突出した喫茶店が生まれやすいんでしょうか？

田　そもそも喫茶店の数が多いですから、差別化みたいな意味もあったのかもしれないですね。

S　ミュンヒさんは大阪代表ですか？　それとも異端ですか？

田　基本的には異端でしょうね（笑）

川　大阪はお客さまがシビアな目を持っているから、おいしくないと許されない、とよく言われますが。

田　そうでしょうね。値打ちがあるか、ないかに敏感ですね。ただ安いということではなくて、お金を払っただけの価値がちゃんとあるかどうか。

川　大阪のコーヒーが濃いのは、薄いとお客さんに豆をケチってると思われるからだと聞きました（笑）

田　それは半分嘘で、半分本当かもしれない（笑）そのへんも値打ちというものに含まれてるんだと思います。

川　田中さんが住んでらっしゃる神戸の喫茶店はいかがですか？

高級感と専門店の雰囲気
家ではコーヒーより紅茶の神戸

田　神戸の喫茶店の個性をつかむのが一番難しいと思ったんですけど、なんとなく高級感、専門店っぽい雰囲気が特徴かな。茜屋さん、にしむらさんもそうだけど、喫茶店だけどコーヒー屋だよっていうような、ちょっとした主張が見え隠れするというか。

川　神戸は歴史的にもコーヒーと関わりが深いですよね。

田　そう、港にコーヒー豆が揚《あ》がってくるので、焙煎業者も多い。そういう中でコーヒーを押し出してる感じはしますね。萩原珈琲さんとか、中堅のロースターが好まれるのも特徴かな。

川　萩原珈琲さんって神戸の一大ブランドですね。

田　萩原さんやにしむらさんは、基本的に阪神間だけの出店にとどめてるんです。萩原さんは最近は違うのかな。にしむらさんは品質を保てない、コーヒーに使う宮水を運べないという理由で兵庫県内だけですね。それから、カップに凝る店が多いのは茜屋さんの影響かもしれない。お客さんに合わせてカップを選んだり。

川　中には「なぜ私にこのカップ？」と不服をおぼえるお客さまもいるんじゃないでしょうか（笑）

田　（笑）そういえば神戸はコーヒーよりも紅茶のほうが消費量が多いんです。家で飲むので紅茶専門の喫茶店は

田中慶一さんは神戸在住の編集者、ライター。2001年から毎号ひとりでつくってきた「甘苦一滴」は2014年12月に第19号を発行。

少ないんだけど。ロンドンのコーヒーハウスじゃないですけど、外ではコーヒーで、家では紅茶。

川　面白い。どうしてでしょうね？

田　なんでやろ。意外に神戸の人が一番保守的なんですよね。新しい店ができても誰かが行ってきた話を聞くまでは入らない。いったん通い始めると、なかなかお店を変えない。だから街の新陳代謝はゆっくりなんです。

なくても困らない、ないと物足りない。

川　田中さんにとってコーヒーはどんな存在なんですか？

田　（甘苦一滴を指して）この最初の一行に込めたつもりではいます。「なくても困らない、ないと物足りない」。

川　ああ、その通りですね。

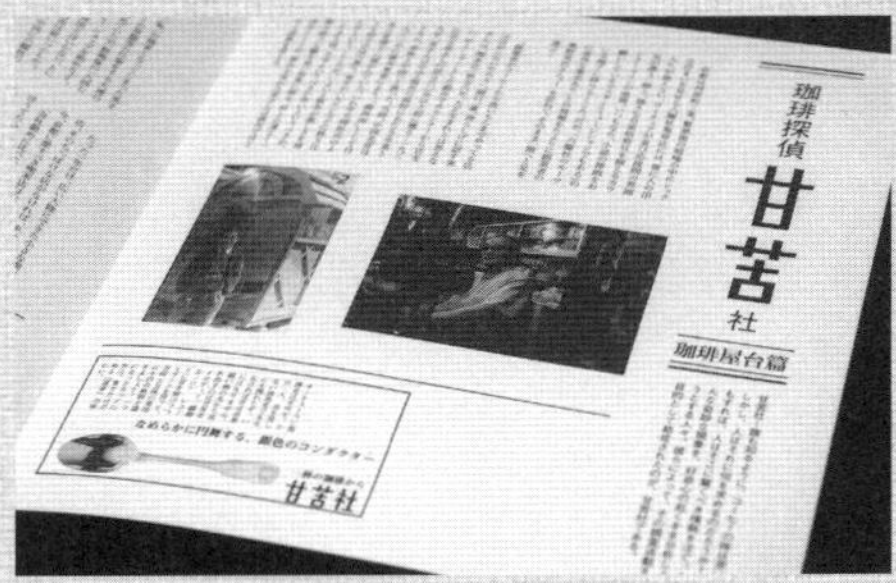

六曜社の創業者、奥野實さんにお話しをうかがった第６号。誌面の完成前に実さんが亡くなられたことが、田中さんの後悔。

田　僕としてはないと困るんだけど（笑）存在としてはそうなのかなと。

川　今までに飲んだ中で特に印象的だったコーヒーは？

田　原点は六曜社地下店。ちゃんとしたコーヒーはこんな味なんだなと初めて思って、なんでおいしいのかという話を始めたので、基準ですね。あとはグリーンズコーヒーロースター。初めて行った時、六曜社に近い味を感じたんですよ。それで取材をたくさんさせてもらって、今では甘苦一滴に連載してもらったり。

川　（読んで）「コーヒーの味、基本のサ・シ・ス・セ・ソ」。苦＝塩、酸＝酢、甘＝塩。

田　コーヒーの専門誌みたいに言われますが、僕は最初はハコや歴史を語る立ち位置のつもりでした。それがいつの間にかコーヒーマイスターの資格を取ったり。

川　すごい！　そもそも、なぜ甘苦一滴を作り始めたんでしょうか？

甘苦一滴のはじまりと、これから

田　京都に住んでた時代に、一九九九年から「マリー・マドレーヌ」というミニコミをふたりで作り始めて。僕はコーヒー担当という感じで、四号まで出して終了したんです。丸福さんの北浜店の店長だった方がそれをご覧になって、「うちもフリーペーパーをやりたい」というお話をいただいたんです。だからマリー・マドレーヌのコーヒー部分を継続して、それから大阪の街の話をちょっと入れて、あとは丸福さんの七十年分の歴史の連載を入れて、というのが甘苦一滴のスタートでした。

川　質の高いものを無料で作り続けてきたって素晴らしいですよね。モチベーションは何ですか？

田　そうですね、最終的には日本の喫茶店史をまとめられたらなと。

川　ああ、それは素敵です！　配布先は何軒くらいあるんですか？

田　基本的には自分が行った喫茶店やカフェに配布しているんですが、最近はお店から「置かせてください」という連絡をもらったりして、百軒を超えてます。印刷代くらいは広告費でなんとかなりますが、配送費が……（笑）

もうじき二十号なので、なにか仕組みを変えてみようかなと考えてます。

カフェが歳をとると喫茶店になる

田　カフェと喫茶店の違いは、懐の深さみたいなものかなと思っています。誰でもいらっしゃいというのが喫茶店の基本。カフェはある程度スタイルの提案があるので、客層の幅が違います。これは平岡珈琲店の小川さんの受け売りですけど、開店してある程度の時間がたたないと、その店らしいおおらかさというか、味は出てこないよと。

川　歳をとって人間の幅がひろがるみたいなことでしょうか？

田　そう、カフェでも堀内さんのディモンシュは、二十年たってそうなってるような気がします。最初のうちは尖ったスタイルがあったと思うんですけど、今はもう誰でもいいよみたいな（笑）

川　カフェが歳をとると、喫茶店になるんですね。

田　一方でお客さんの方も、川口さんが『東京の喫茶店』に書いてた「喫茶心」、寛容な精神でお店に行くっていうのもやっぱり必要だと思います。

（田中さん、ありがとうございました）

第3章 神戸の喫茶店

レンガの坂道に吹く風

Kobe 1

御影ダンケ

阪急御影

秀作揃いの神戸の珈琲店の中で、飛びぬけて個性が際だつダンケ。赤面しつつも言葉にするならば、そこにあるのはやはり、愛なのです。

焙煎直後のまだ熱いコーヒー豆にバターを沁みこませたバターブレンドは、マスターの寺口孝雄さんの創作で、苦みの中から独特のまろやかな甘みが浮かびあがってきます。

「僕はすごい感動屋なんですよ。感動したいし、感動させたい」

カウンターに立つ寺口さんはにこやかに、熱を込めて語ります。

「お金を出してでもやりたい仕事をして、お金をいただいて、それなりに評価もされて、僕は幸せ者。いつも楽しそうにしてますねと言われるけど、本当に楽しいんやもん」

大手コーヒー会社に勤務後、一九七七年に二十八歳で独立。

「四年間試行錯誤してバターブレンドが完成したとき、これ以外はお店に出したくないと思えたの」

というわけで、ダンケのコーヒーは潔く一種類のみ。相性のいい焼き菓子ケーゼクーヘンといっしょにどうぞ。こちらも、ふかふかの生地に濃厚チーズがとろける名作です。

豆を挽いてメリタのドリッパーにセットし、お湯を注いだら蒸らすために何十秒か待つ。その間、両手でカップを包みこみ、コーヒー粉がむくむくと膨らんでいくさまを見守る寺口さんは、愛おしくてたまらないという表情を浮かべています。

「久しぶりに来たお客さんに『昔と変わらないね、おいしいね』と言っていただくためには、コーヒーは前と同じじゃだめなんです。お客さまの舌は経験を積んでどんどん進化していくから、バターブレンドも立ち止まらないで進化しなきゃ。今日より明日、さらにいいもんを作りたいと毎日思い続けてます」

人に合わせて選ぶ優美なカップ

は、大倉陶園の全て異なる銘柄。高価な限定品は飾っておくだけ、または常連客にしか出さないというのは寺口さんの信念に反すること。

「初めてのお客さんにこそ最高のを使うの。感動してほしいから」

大きな熱い魂で生きる人は、同じ種族を呼びよせる力が強いもの。ダンケに惚れこんで遠方から訪れる客人のひとりに、世界的に活躍する指揮者の佐渡裕さんがいます。

京都芸大在学中からダンケに通っていた佐渡さん。海外で厳しい音楽修行生活を送っている間、寺口さんは自身も苦しい時期だったにもかかわらず留学先にコーヒーを送り続けました。それがどれほど佐渡さんを勇気づけたことか。

佐渡裕さんの著書にはダンケで受けた感銘が綴られています。毎日コーヒーを淹れながらひたすらコーヒーへの想いを語り続ける寺口さんを見て、「コーヒーの魅力がとり憑いてしまっているとしか思えません。すごいことだなと思いました。そういう『何かに憑かれたような自分があったらいいな』と」。

名指揮者をも圧倒した寺口さんですが、六十歳のときに一度だけ寡黙になるべきかと迷ったことが。

「でも、母が臨終の床で僕の手を握ってしゃべり通してね、自由に生きて好きなだけしゃべってた母でさえ、まだしゃべりたいことがあったんやと思ったら吹っ切れた。もっとどんどんしゃべらなきゃならん(笑)」

笑いがこみあげるほど豊饒な世界観こそが、ダンケの真の魅力です。

menu

バターブレンドコーヒー　550円
ウインナーコーヒー　650円
コーヒーフロート　650円
コーヒーゼリー　750円
ケーゼクーヘン　500円

みかげ ダンケ
兵庫県神戸市東灘区御影郡家 2-19-16
Tel 078-843-6050
12:00 ～ 20:00　月・第3火休（祝日の場合営業）
阪急「御影」駅南口より徒歩1分
map…p190-22

Kobe 2

茜屋珈琲店

三宮

神戸を代表する偉大な名店のひとつ、茜屋珈琲店は、独創的な趣向を凝らした高級珈琲店のスタイルを作りあげ、全国の数えきれないほどの喫茶店の手本となってきました。

たとえば、民芸風の字体を彫り込んだ看板。黒光りする重厚なカウンター。頭上にも棚にも列をなして輝く、大倉陶園や世界の名窯の美しいカップ。お客さまの目の前で萩原珈琲の炭火焙煎豆を一杯ずつ抽出し、静かにさし出す珈琲。それらのルーツが、三宮で営業を続ける一号店にあります。

お店が入居する古いビルはコンビニエンスストアとカラオケ店とラーメン店に包囲されてしまい、外観は悪い冗談にしか思えないのですが、扉を開ければ品格のある空間にクラシック音楽が流れ、大人たちが珈琲を啜りながら、どこかほっとした表情を浮かべています。

創業者の故・船越敬四郎さんは強烈な個性と見識を備えたカリスマ的存在として知られており、各界の有名人たちとの華やかな交遊から数々の逸話を残しています。

その船越さんから三宮店を受け継いだ現在の店主、若山禎一郎さん・泰子さん夫妻が紡ぐ第二章には、第一章とはまた趣の異なる、胸を打つ物語が横たわっていました。

発端は一九九五年一月十七日の早朝のこと。当日の記憶は、神戸の歴史ある全ての喫茶店に焼きつけられています。

震度七の激震に揺さぶられた中央区三宮。駅ビルなどの建築物が無残に倒壊した中で、茜屋のあるビルはかろうじて残っていました。

「古い時代に手抜きしないでこぢんまりと建てられたビルなので、倒れなかったんでしょうね」と、当時は茜屋のお菓子作りを担当していた泰子さん。しかし、店内はカウンターを残して悲惨な状態に。二百客の大切なカップはみな粉々に砕け散っていたそうです。

「本当は、もう再建できる状態ではなかったのね。経営的にも厳しい状態が続いていたから、閉店するのが賢い選択だったんです」

創業者の船越さんは、すでに震災前にこの世を去っていました。それでも若山夫妻は長年の茜屋ファンの声に背中を押されて、困難な再建の道を選んだのです。

「誰よりも私たち自身が茜屋のファンですから」と若山さん。

一からコーヒーカップを揃えなおそうにも、神戸の百貨店は商品を失っていたため、銀座にある茜屋の姉妹店に依頼して東京で買い集めてもらったそうです。

開業当時に施工を手がけた工務店が再び改修を担当し、まだ周辺のビルの解体工事が続く六月にお店を再開。カウンターには泰子さんが立ち、変わらぬおいしさの萩原珈琲を淹れて人々を喜ばせました。

以来、二十年近くに渡って茜屋を守ってきた泰子さん。加えて三年前からは会社を退職した若山さんもカウンターに入り、珈琲を点てるようになりました。

「新鮮な豆を粗挽きにして、さっとお湯を落とし、えぐみが出ないように淹れています」

珈琲には無理をさせず、通常の二倍の豆を用いる贅沢な抽出方法から、洗練された苦みが生まれます。その贅沢さはお客さまのためであると同時に、「茜屋珈琲店の珈琲は世界一だとうぬぼれています」と豪語した船越さんのためでもあるのでしょう。

船越夫人のレシピをもとに泰子さんが作るチョコレートケーキも絶品です。濃厚なのに後味のさっぱりしたおいしさの秘訣は、ココアとカルピスバターと有精卵。

船越さんが三宮店を若山さんに託した理由は何だったのか？　話は五十年近く前にさかのぼります。

一九六六年、大手企業の社員として活躍していた二十代の若山さんは、開店間もない茜屋珈琲店の常連客となりました。そうして一年ほどが過ぎて顔なじみになった頃、船越さんから茜屋のレコードの選曲を依頼されます。その経緯が船越さん自身の文章に綴られていました。

船越さんは茜屋を始めるまでは音楽への関心が薄く、当時の店内のBGMは雑多なものでした。気持ちにゆとりができて、レコードを全部クラシック音楽に買い換えようと思いたった船越さんは――

「数あるお客様を見渡していつもレコードの包をかかえて来られる若山禎一郎さんは音楽に堪能の様だしもの静かで親切な方の様にお見受けしたので恥をしのんでお願いした『之《これ》はと思われるのを百枚リスト・アップして頂けないでしょうか』

唐突な申し出に若山さんは吃驚《びっくり》されたらしいが暫《しばら》くして笑い出され快く引受けて下さった」

そうして、年齢の離れた二人の長年に渡る友情が始まったのです。

一九七〇年、船越さんは結核の療養のため、軽井沢に移って現地で茜屋珈琲店を開くことを計画。三宮店の方は「共同経営者になってほしい」と若山さんを口説きました。

自身がお店に出ないことを条件に承諾した若山さんは、そのまま会社勤務を続け、実際の運営は従業員に一任します。

茜屋と船越さんの名を一躍全国に轟《とどろ》かせることになる軽井沢店。「ここは、べらぼうに珈琲が高い店です」という看板を掲げ、一杯九千九百円の珈琲で世間を騒がせますが、これは出店の経費が嵩んで広告費が残らなかったために船越さんが編み出した、したたかな戦略でした。

当時、夏の軽井沢は別荘族や財界人、芸術家たちの社交場さながら。彼らは茜屋を訪れては、珈琲とともに〝軽井沢の名物男〟船越さんとの会話を楽しんだのです。

経済学者・脇村義太郎、作家・阿川弘之、哲学者・谷川徹三（詩人・谷川俊太郎の父）、辻調グループの創設者・辻静雄を筆頭に、茜屋紳士録はきりがありません。

「船越さんは人づきあいの名人であった。（中略）船越さんはもともと建築家であったが、胸を患って珈琲屋になったのだ。だから茜屋の建物も店の内部もみんな船越さんの設計なのだ」（谷川徹三）

権威におもねらず、自己の美意識に反する人間は著名人だろうと容赦なく門前払い。阿川弘之は、来店したレノン&ヨーコ夫妻を船越さんが追い返した逸話を記しています。

驚いた従業員が「気がつかなかっ

珈琲
ブルーマウンテンNo.1
その他の豆

たんでしょ」と問えば、「オノ・ヨーコかて誰かて、薄ぎたない格好したの、わしゃ嫌いや」

こんな名言も記されています。

「客を選べんようでは、客から選ばれるような店はできまへん」

三宮店の壁には古いガス灯が残されています。これも船越さんが発想したもので、風情あるその光は西屋名物のひとつになりましたが、残念ながら震災以降は安全面への配慮から、灯されることはなくなりました。

時おり渋い鐘の音で時を告げる時計は、大正生まれ。五日に一度ゼンマイを巻くのだそうです。

「この時計を見て駅に向かった人が電車に乗り遅れることがないように、常に一分か二分進めておくよう心がけています」

静かに微笑した若山さん。聞いた時にはその心遣いにうなずくばかり

だったのですが、この文章を書いているうちに船越さんも大正生まれであったことに気づいたのです。ふと口をつぐんだ時に耳に響いてくるあの時計の音は、今もなお茜屋を見守って動き続ける創業者の心臓の鼓動ではないでしょうか。

menu

珈琲（6 種） 700 円
紅茶（3 種） 700 円
冷たいここあ 700 円
高いが旨いお菓子（特製手作りケーキ） 700 円
チーズケーキセット 1200 円
珈琲ゼリーセット 1200 円

あかねやコーヒーてん
兵庫県神戸市中央区北長狭通 1-9-4
コースト岸卯ビル 2F
Tel 078-331-8884 12:00 〜 22:30 無休
阪急「神戸三宮」駅西口、
地下鉄「三宮」駅西 1 出口より徒歩 1 分
map…p189-19-a

Kobe 3

にしむら珈琲店

三宮

Nishimura
Nishimura

むら珈琲店
established 1948

【焼き立てのパンを「フロインドリーブ」で買って「デリカテッセン」でハムを二百グラムばかり包んでもらい、「にしむら」で珈琲を飲んでぼんやりする。これができれば最高の休日である】

（田辺聖子『小説家の休暇』）

街の人々にも観光の人々にもひろく愛されるにしむら珈琲店は、京都のイノダコーヒ、大阪の丸福珈琲店とともに、街の個性を全国に知らしめる京阪神の三大有名喫茶。

三者に共通するのは品の良いホスピタリティと、創業者がこだわった伝統の味を受け継ぐ苦心、そして、変貌する街で喫茶文化を支えていくという矜持ではないでしょうか。

にしむら珈琲店はヨーロッパ風の落ちついた内装を基調にしながら、店舗ごとに独自の空間を作りあげてきました。

創業の地に建つ中山手本店は、一九九五年の震災で甚大な被害を受けた後、一年半以上の長い休業期間をとって新築された店舗です。外観は往年のドイツ風の印象を再現しながら、内部は念願だったバリアフリーを実現。一階は分煙、二階は禁煙、三階は貸し切りもできる多目的フロアで、車椅子ごと入れるエレベーターを設置しています。

にしむら珈琲店のイメージを全国に決定づけた北野坂店は、一九七四年に日本初の会員制喫茶店として開かれました。一号店、二号店のあまりの人気と混雑ぶりを嘆く常連客のために用意されたサロンゆえ、英国の洋館風の豪奢なしつらいやスタッフの制服は、とびきり甘やかな夢のよう。震災後は一般に開放され、異人館めぐりを楽しむ人々でにぎわうようになりました。

個人的には銀杏の落ち葉が舗道を舞う晩秋の夜更け、お客さまが引いてふっと静かになった時分の三宮店の一階のクラシカルな佇まいにも格別の魅力を感じています。古い家具たちがひそやかに遠い記憶をつぶやき始めるような気配。

創業者の故・川瀬喜代子さんは戦時中は上海に暮らし、帰国後の一九四八年、三人の子どもと生活していくために石鹸などの雑貨を売り始めました。出身地である京都から練り菓子を仕入れたのが好評で、「コーヒーも出してみたら、と言わ

れるままに、当時まだ珍しかったコーヒーを淹れてみたのが喫茶店を始めたきっかけだそうです」

そう歴史を教えてくれたのは、孫にあたる副社長の吉谷啓介さん。

北野坂店の二階はかつて川瀬さんの自邸で、幼い頃の吉谷さんはその邸宅に隣接する実家で暮らしていたそうです。恵まれた環境ですね。

「いや、昔の北野町は決しておしゃれな場所じゃなくて、呑み屋がずっと連なってたんですよ。ＮＨＫの朝のドラマの舞台になってから、急に観光地として整備されたんです」

ドイツ人パン職人フロインドリーブをモデルとした一九七七年のドラマ『風見鶏』の影響は絶大でした。明治大正期に建てられた異人館の点在する北野町は、一躍脚光を浴びることになります。

話を戻しましょう。わずか三つのテーブルから始まった簡素なにしむら珈琲店がこれほど発展した理由は、どこにあったのでしょうか。

「オーナーは仕事となると非常に厳しい人。ヨーロッパ旅行などで見聞きした新しいもの、美しいものを率先して採り入れていく感性やセンスは素晴らしかったと思います」

たとえば、コーヒー豆をブレンドせずにストレートで提供すること。コーヒーゼリー。カプチーノ。みな、にしむら珈琲店が先駆者だったとい

われています。代用コーヒーが主流だった時代に本物にこだわり、灘の酒造りに使われる宮水を汲んできて抽出するコーヒー。

また、スタッフが膝かけや新聞を持ってきてくれる細やかなサービスは、川瀬さんが飛行機で体験してお店に採用したのだそう。

「オーナーは芝居が好きで社交的な性格だったから、当時の舞台女優、山田五十鈴さんや杉村春子さん、高峰秀子さんたちと親しいおつきあいをしていた。そういう方々が北野坂店の会員でもあったわけです」

会員には会員証のかわりに鍵が渡されました。当時のサロンはすりガラスによって外部の視線から守られており、会員には北野坂の真珠貿易商たちも多かったとか。そう、神戸はパールの街でもありました。

「オーナーがいつも語っていたのは一期一会の精神でした。現場に出ると『大切な人を自分の家にお招きする気持ちでお客さまをお迎えするように』と言い続けました。清掃がきれいに行き届いていること、気持ちを込めてお茶を出すこと」

年輩の常連の方々は、コーヒーを飲みながらスタッフと何気ない言葉を交わす習慣を一日のリズムの中に組み込んでおり、その楽しみに応えるために社員の比率が桁違いに多いことも、にしむら珈琲店ならではの豊かさを感じさせます。

クリスマスの季節に北野坂店や中山手本店に登場する大きなツリーには、現在も毎年、川瀬さん手作りのエッグアートの数々が輝いています。

menu

（中山手本店）
にしむらオリジナル
ブレンドコーヒー　550円
ストロングコーヒー　650円
ホットケーキセット　1100円

（北野坂店）
にしむらブレンド珈琲　850円
和牛ハンバーグ　1300円
ステーキランチ　4300円

にしむらコーヒーてん きたのざかてん
兵庫県神戸市中央区山本通 2-1-20
Tel 078-242-2467　10:00 ～ 22:00　無休
地下鉄「三宮」駅東 8 出口より徒歩 6 分、
JR「三ノ宮」駅西口より徒歩 7 分
map…p189-19-b

にしむらコーヒーてん なかやまてほんてん
兵庫県神戸市中央区中山手通 1-26-3
Tel 078-221-1872　8:30 ～ 23:00　無休
地下鉄「三宮」駅東 8 出口より徒歩 4 分、
JR「三ノ宮」駅西口より徒歩 5 分
map…p189-19-c

Kobe 4

はた珈琲店

花隈／元町

一九七八年に創業し、茜屋の流れを汲みながら自家焙煎コーヒーを提供する、茜屋系第三世代を代表する一軒です。

一階は松材のカウンターの上に美しいコーヒーカップを並べて吊るす典型的なスタイルですが、カップに照明を当てる工夫や、木の色調を一段明るくすることで、落ちつきの中に軽やかさが漂う印象。二階にはテーブル席がひろがります。

母親が二階で始めた喫茶店を受け継いで現在の形に仕上げた店主、畑芳弘さんは、神戸の街とコーヒーの関係について、また茜屋系と呼ばれ

menu

はたブレンド（美味）　480 円
メリケンブレンド（華味）　480 円
ハイカラブレンド（妙味）　480 円
カフェ・オ・レ　580 円
ケーキセット　800 円
トーストセット　650 円

はたコーヒーてん
兵庫県神戸市中央区元町通 5-7-12
Tel 078-341-3410　9:00 〜 19:00
水休（祝日の場合営業）
阪急「花隈」駅東口より徒歩 2 分、
地下鉄「みなと元町」駅 1 出口より
徒歩 3 分
map…p189-19-d

るスタイルについて、にこやかにわかりやすく解説してくれました。

「茜屋さんで修業した人が独立して開いたのがふるもと珈琲店。僕はそこで修業し、ふるもとさんが設計施工事務所も持っていたことから、母が開業するときに二階の内装をお願いしました。神戸にはうちと同じようにふるもと珈琲店で習い、施工してもらったお店が何軒かあります」

コーヒーは快い苦みを持ち、深みがありながらすっきりした味わい。その秘訣はコーヒー豆を多めに粗挽きにして、すばやく抽出すること。季節ごとに入れ替わって目を楽しませるカップは、十二月になると創業の翌年から始まったロイヤルコペンハーゲンのイヤーカップの見事なコレクションが並びます。

Kobe 5

元町サントス

元町

二十世紀初頭にブラジルのコーヒー農園で働くために日本各地から集まった移民たちは、船で神戸港を出発してサントス港へ到着しました。店名にそんな歴史がしのばれる元町サントスは、一九六〇年の開店。親、子、孫と三代に渡って通っている常連客もいるそうです。

低い木製の椅子は、座面の生地を何度も張り替えながら大切に使い続けられてきたもの。カウンターに鎮座する鈍い銀色のコーヒーアーンも現役で活躍しています。

一度に大量に抽出して保温しておくことのできるコーヒーアーンは、

かつては喫茶店やホテルの必需品でした。羽ばたく鳥を思わせる取っ手がついたクラシカルな姿の、なんと魅力的なこと。すでに製造中止になっており、サントスでは消耗部品を大事にストックしています。

喫茶観光に訪れる若い人々にも人気が高いのは、一枚ずつ鉄板で焼く昔ながらのホットケーキ。シンプルなレシピゆえ、秘訣は火加減にあります。店長の仁木八朗さんいわく、「鉄板に水を少し落としてみて、水滴になって転がらずにすぐ蒸発したら適温」。生地の上に耐熱ガラス製のふたをかぶせて、蒸すようにしてふっくらと焼きあげます。

コーヒーカップにあしらわれたST。Sはむろんサントス。Tは？「サントスのト、らしいです（笑）」

もとまちサントス
兵庫県神戸市中央区元町通 2-3-12
Tel 078-331-1079
8:00 〜 19:00　無休
阪神・JR「元町」駅西口より徒歩 2 分
map…p189-19-e

menu

珈琲　400 円
ウインナーコーヒー　450 円
ミルクコーヒー　430 円
ピラフセット　830 円
ホットケーキセット　700 〜 750 円
モーニング　470 〜 520 円

Kobe 6

エビアン

元町

関西で初めてサイフォンでコーヒーを提供した老舗。当時、どれほど洒落たお店だったことでしょう。

時を経たコーノのアルコールランプ式サイフォンが並ぶL字型カウンターに座れば、壁の上部に「Coffee Bar」の文字。スターバックスを連想させる椅子の色。もちろんエビアンのほうがはるかに古く、一九五二年に木造二階建てで創業し、四十年前に現在の姿に建て替えられました。

かつて海岸通りには貿易会社や船会社が建ち並び、この細道は駅から海岸通りへ向かう通勤者の通り道だったのだそう。当時エビアンに立ち寄った会社員たちが、引退後も憩いのひとときを過ごしに訪れます。

お店を守るのは二代目の鎌田勝也さん夫妻と弟の良司さん。コーヒーの焙煎は、大学生の頃から四十五年に渡ってここで働いてきたという良治さんが担当しています。

「先代の背中を見ながらいっしょに仕事をしてきました。時代に流されず、基本を守るのが長続きの秘訣」

創業者から続く、コーヒーに合う洋菓子作りの伝統も受け継がれ、濃厚な味わいながら後味のさわやかなベイクドチーズケーキやプリンが好評を博しています。

menu

ホットコーヒー　330円
カフェオーレ　450円
ウインナーコーヒー　500円
ホットドッグセット　650円
サンドイッチセット　600円
ケーキセット　650円

エビアン
兵庫県神戸市中央区元町通 1-7-2
Tel 078-331-3265
8:30 〜 18:30（日祝は 9:00 〜）　第 1・3 水休
阪神・JR「元町」駅東口より徒歩 3 分
map…p189-19-f

EVIAN COFFEE
since 1952
KOBE
MOTOMACHI
(078)331-3265

Kobe 7

モトマチ喫茶

元町

路地に溶け込む老舗の風合いを漂わせながら、じつは三十代の店主、米本武生さんが二〇〇九年末に開いた喫茶店。三十年に渡って営まれてきた古い喫茶&スナックに最小限の改装のみを加えて、純喫茶トリビュートアルバムのような新しい名店が生まれました。

柱時計が秒を刻む音に重なるソニー・ロリンズのサックス。大阪で学生時代を過ごした米本さんですが、「神戸は日本で最初にコーヒーやジャズ文化が入ってきた街。店を開くなら神戸がいいと考えていました」と、元町のジャズ喫茶で働いた経験も活かしてこの地に開業。

店内を彩る一九六〇年代、七〇年代のカップや雑貨は、もともと日本の古いものが好きだった米本さんの収集品。豊かな苦みが魅力の深煎りコーヒーは、グリーンズコーヒーロースターにオーダーしたオリジナルブレンドです。

喫茶文化に対する洞察に基づいてコーヒーの味は進化させ、プリンなどは昔の味や食感を復刻する。そのバランスに脱帽します。週末は若いお客さまが増えますが、ここが「エイト・シャルマン」だった時代から通い続けるシニアもいるとか。

menu

ブレンド　400 円
ウインナーコーヒー　500 円
ココア　500 円
ミックスジュース　500 円
バタートースト　200 円
自家製カスタードプリン　280 円

モトマチきっさ
兵庫県神戸市中央区北長狭通 3-9-7
Tel 078-778-0727
正午〜 21:30（日〜 20:00）
月（祝日の場合翌日）休
阪神・JR「元町」駅東口より
徒歩 3 分
map…p189-19-g

Kobe 8

カフェ・バール こうべっこ

新神戸／三宮

「昔はこの坂の上から海が見えたんだけどね。埋め立てをするたびに、海がどんどん遠くなっていった」

神戸っ子の店主、古川睦さんは湿っぽくない口調でそう嘆きます。

自家製マヨネーズを使ったたまごサンドのモーニングが評判ですが、「これがうちの売り。健康的でしょ」と手際よく作ってくれたのは、キュウリ、ピクルス、リンゴなどをたっぷりはさんだ野菜サンド。一方、モトマチ喫茶※の店主はナポリタンがおいしいと証言。要するに、訪れた人が自分だけの名品を発見できるお店なのです。

※ 160ページ参照。

menu

珈琲　350 円
カフェ・オ・レィ　450 円
野菜サンドイッチ　600 円
ナポリタン　600 円
モーニング　飲み物代＋トースト 50 円
　　　　　　飲み物代＋日替わりハーフサンド 150 円

こうべっこ
兵庫県神戸市中央区加納町 2-9-2 山浦 77 ビル 1F
Tel 078-222-1297　7:00 〜 17:00　日休
地下鉄「新神戸」駅南口より徒歩 4 分、
地下鉄「三宮」駅東 2 出口より徒歩 9 分
map…p189-19-h、p190-23

四十年前に神戸新聞の「ミラノ市民の憩いの場『バール』とは、軽食も提供する喫茶店のこと」というコラムを読んで、店名にバールと冠した古川さん。ドンクに二年半勤務して学んだ味作りと快活な人柄が作り出す空間は、まさにバール的存在として親しまれてきました。

扉の上を飾る鏡は、開店一周年に近くの会社の社員たちが寄せ書きして贈ってくれたもので、以来、震災で周囲の環境も顔ぶれも一変した後も、毎年数字をひとつ足しながら書き換えてきました。今年はV38。

「仕事場にテレビを置くのは嫌いでね」と、毅然とした一面をのぞかせますが、常連客が「錦織、第一セット落としたで」と言いながら入ってきたりして※、情報は豊富です。

※この日はテニスの全米オープン決勝に錦織圭選手が出場。

Kobe 9

セキ珈琲館

元町店

花隈／元町

毎日通っても飽きないくらい食事メニューが豊富だといいな、しっかり分煙してほしいな、ベビーカーを置いてソファでゆったりできたら、ランチのコーヒーもハンドドリップの淹れたてがいい…そんな老若男女の希望に全て応えた、かゆいところに手が届く喫茶店。二〇〇〇年に姫路で喫茶店を創業し、二〇〇八年に落ちついた雰囲気の広い元町店をオープン。昼食時は界隈で働く人々で一気に満席になります。

豆を贅沢に使ってコーヒーを点てる若い西田店長は、やわらかな接客が信条。何気ない細部にも心遣いが宿っています。

menu

オリジナルブレンド　450円
炭焼ブレンド　450円
セキランチ　800円～
パスタセット　1100円
ケーキセット　680円

セキコーヒーかん もとまちてん
兵庫県神戸市中央区元町通 4-3-8
Tel 078-371-6225　9:00 ～ 20:00　不定休
阪急「花隈」駅東口より徒歩 2 分、
地下鉄「みなと元町」駅 2 出口より徒歩 2 分
map…p189-19-i

Kobe 10

舌れ梵

元町

喫茶店はこちらが愛すれば愛したぶんだけ、愛を返してくれるものです。八十歳になるマダムの萬田五十鈴さんは、鷹揚《おうよう》な身ぶりで「もうみなさんへの感謝だけですね。この歳になったらしみじみとわかるのよね」と笑います。

表に小さな看板が出ていなければ、林立する鉢植えの濃い緑に隠された民家に見えて、そのまま通り過ぎてしまいそうな佇まい。開店後二十年間は看板を出さずに営業していたのですが、震災後に「舌れ梵はまだ営業しているの？」という心配の声が相次いだのをきっかけに、ようやく出すようになりました。

扉を開けて店内に入ると、一歩進むごとに空気が変わっていくようです。白百合、赤い王冠のようなグロリオサ、観葉植物、ホオズキ、ドライフラワー……そこは植物たちの呼吸がたちこめる濃密な空間。

「どのテーブルに座ってもらっても落ちつけるようにしてあるの。この店は三十年前から時間が止まってます」というマダムの言葉通り、サイフォンで点ててウェッジウッドのカップで供するジャマイカブルーマウンテンも、ハニートーストも、利益よりお客さまを喜ばせることを優先して三十年前から同じ値段のまま。厚切りのイギリスパンをこんがり焼き、バターと国産のれんげの蜂蜜をたっぷり塗ったこのトーストは舌れ梵の名物で、熱心なファンが多いのだそうです。

木製の扉は開閉するたびに音をたて、床には亀裂が入っています。はっとする震災の痕跡。舌れ梵は震災後の三か月間、扉を開けたままにして無料で珈琲をふるまいました。

「うつわなんかみんな破損して、床はもう無茶苦茶やったの。それでも不思議とサイフォンだけは破損してへんの。だから店の半分だけなんとかきれいにして、地震も何もなかったようにしてね。ストーブを三つくらい集めて、街のみんなに入ってもらったの。幸い、水は出たからね。ガスは出なかったから、みんながボンベを持ってきてくだすってね」

その期間、舌れ梵は街の人々の心の避難所になっていたのです。

「コーヒーには人間同士の楽しい語らいや憩いといったものが一杯つまっています」と白髪のマスター。

四十年近い歴史を彩った人々の中には、幾多の芸術家たちや、宝塚のスターを伴って訪れた後援会長、神戸生まれの詩人、竹中郁などの姿がありました。

「お客さんは宝物です」

歳月を経て変色したメニューには風格あるデザインが施されていますが、これは版画家の岩田健三郎氏が制作したもの。氏の作品は窓枠のゆるやかなアーチの上にも飾られています。

「お店はいつやめるかわからない状態やけど、開けてる間はちゃんとした状態にしてなあかん思ってね」とマダム。どうかいつまでも、お店の前の舷灯をともし続けてください。

menu

珈琲（ジャマイカブルーマウンテン） 300円
紅茶 330円
アイスコーヒー 350円
アイスクリーム 450円
ハニートースト 200円
エッグトースト 300円

とれぼん
兵庫県神戸市中央区元町通 3-12-12
Tel 078-391-0180 8:00 〜 18:30 無休
阪神・JR「元町」駅西口より徒歩 2 分
map…p189-19-j

Kobe 11

まるも珈琲店

王子公園

喫茶店によっては外観を見ただけで、充実した読書と珈琲の時間が過ごせると瞬間的に感知できるものですが、ここもそうしたお店。しかもセンスの良い上等の一軒です。

ジャズの響き。カリタのドリッパーで一杯ずつ点てる萩原珈琲の豆。丹波の古材だという黒褐色のベイマツのL字型カウンターと、棚に並ぶコーヒーカップ。一瞥すると茜屋スタイルのようですが、小さな赤いソファのある一角は現代的なカフェを思わせます。

一九九四年にこのお店を開いた今井百々代さんは「空間は古いものでも、流れている空気は新鮮に、風通しよくしていたい」と語ります。四十年前に造られたこの喫茶店の佇まいに惹かれ、カウンターと棚を残して改装。椅子はその際に白木のベイマツで作り、オイルステンで仕上げたもの。二十年かけて味わい深い風合いに変化しました。

東京で学生生活を送った今井さんが神戸で初めて入った喫茶店がここだったのだそうです。店名は「私がももよだから、まるも（笑）」

震災前には近くでもう一軒、喫茶店を開いていましたが、全壊。開店二か月も経っていなかったまるもはカップの多くを失いました。

それでも珈琲とパンがおいしい港町神戸を愛する今井さんは、朝早く起きてパン屋さんに買いに行くのが好きで、「バゲットならビゴ」。まるも珈琲店で人気のトースト各種には、ドンクの厚さ約四センチのハードトーストが使われています。

menu

まるもオリジナルブレンド　500円
各種ストレートコーヒー　500円～
紅茶　500円～
シナモン・クリームトースト　400円
自家製レアチーズケーキ　400円
サンドイッチセット（12:00 ～ 15:00）　950円

まるもコーヒーてん
兵庫県神戸市灘区城内通 4-3-5
Tel 078-801-8831
月～木 11:00 ～ 21:00、金土 12:00 ～ 22:00、
日祝 12:00 ～ 19:00　不定休
阪急「王子公園」駅西口より徒歩 2 分、
JR「灘」駅北口より徒歩 4 分
map…p190-21-a

きっさドニエ
兵庫県神戸市灘区水道筋 5-3-3
Tel 078-861-5757
8:00 〜 19:45　無休
阪急「王子公園」駅東口より徒歩 4 分
map…p190-21-b

menu

ブレンドコーヒー　380 円
カフェ・オ・レ　430 円
イタリアンスパゲティ　780 円
ケーキセット　750 円〜
モーニング　380 円〜

Kobe 12

喫茶ドニエ

王子公園

水道筋商店街で三十年以上親しまれてきた喫茶店は、劇作家ゴーリキーの作品「どん底」の名で開業し、やがてロシア語の原題ドニエに改名。当時はあちこちにどん底という喫茶店があったそうです、と若い二代目兄弟は笑います。

　カップとソーサーの間にしかれた紙製コースターが、水滴を吸収したり音を抑えたりと地味に良い働きをしながら、店名を伝えます。

　店内は一日中活気に溢れていますが、とりわけモーニングが人気。九十歳を超えた常連客も、「いつもの」と注文して悠然と楽しんでいます。

Kobe 13

喫茶エデン

新開地

かつては「東の浅草、西の新開地」と呼ばれ、神戸の中心として映画館や劇場、飲食店がにぎわいを競った新開地。映画評論家の淀川長治がここで育ったことに思いを馳せると、散歩中の興味がひろがります。

街を代表する有名喫茶といえば、一九四八年に創業したエデンです。船内をイメージした空間には、船の内装会社の職人がドイツ製家具を手本につくった木製のベンチが並んでいます。時の波しぶきを乗り越えて与えられた、見事な艶。

「震災でこの店が倒壊しなかったのは、神戸の七不思議のひとつや」とうそぶく二代目は、九人兄弟の長男だった堺井太郎さん。軽妙な語り口がなんとも楽しいのです。物は言いようで、お客が出入りするたびにきしむ床は「鶯張り」。

創業者の故・堺井林さんは若い頃に徴兵されて朝鮮半島や中国大陸を転戦。戦地から家族宛に送った絵葉書や、まめに書き続けた川柳日記を二代目が見せてくれました。

「ほら、書いてるうちに親父の字もしだいにうまくなっていくんや」

生きて日本に帰れるとは思っていなかった人々の戦友会が、エデンで開かれたりもしたそうです。

壁には鳥打帽にパイプをくわえた老紳士の写真が飾られていました。それは創業当時から二〇一二年に亡くなるまで通い続けて、ちょっとした有名人になった「少尉どの」。

「僕が勝手に少尉と呼んでたんやけど、よく聞いたら本当は少尉まで行ってない、軍曹だった（笑）」

おかしくて少しせつないそんな逸話の数々が、透明な魚の群れのように店内を泳ぎ回っているのです。

メニューはコーヒーと彩りの美しいサンドイッチのみで、先代の「純喫茶でごはんを出すのは邪道だ」という信念が守られています。

エデン
エデン
TEA RooM

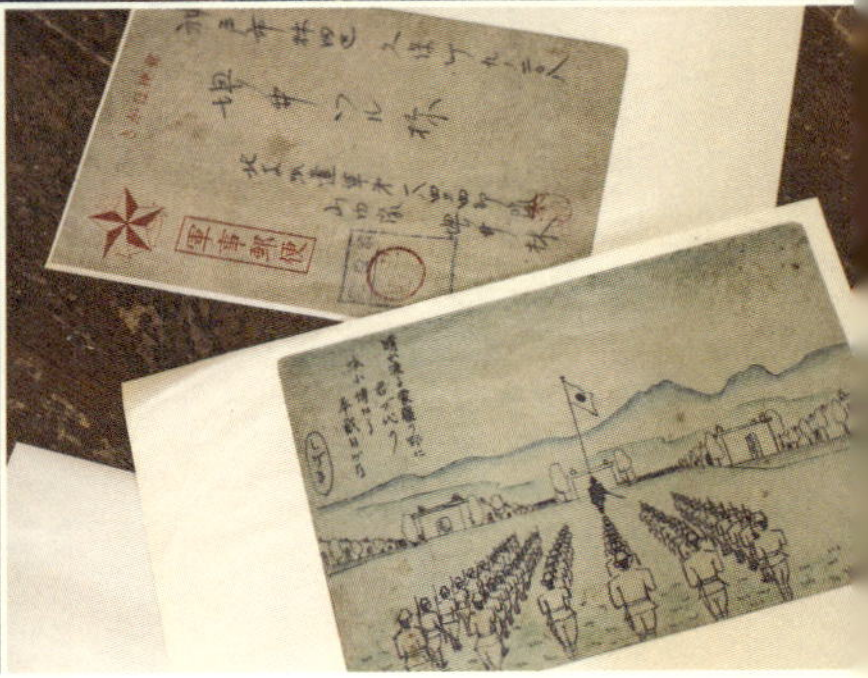

きっさエデン
兵庫県神戸市兵庫区湊町 4-2-13
Tel 078-575-2951
8:00 〜 18:00（日祝〜 16:00）
阪神「新開地」駅 6 出口より徒歩 1 分
map…p190-20-a

menu

コーヒー　350 円
ハーフミックスサンド　300 円
モーニング　350 円〜

Kobe 14

松岡珈琲店

新開地

新開地の象徴として神戸市民の記憶に残る「聚楽館」は、一九一三年に東京の帝国劇場を模して建設され、七八年に閉館した娯楽の殿堂。現在はボウリング中心のレジャー施設が建っています。

その横に延びる、空耳でパチンコの音が聞こえるようなアーケード街に、松岡珈琲店は不思議なほど端正な気配を漂わせています。

二代目店主、松岡啓輔さんがサイフォンで点てるコーヒーを静かに飲んでいるうちに、その端正さの核心が見えたような気がしました。気持ちのいい清潔感です。

八八年に先代が開業した時は高校生だった松岡さん。当時からお店を手伝っており、先代の急逝後は自然に継ぐかたちになりました。

評判のたまごサンドは一の宮ベーカリーの山食パンに、美しい半熟のふんわり厚焼きと、スライスした新鮮なキュウリをはさみます。温かいたまごのふわふわ、冷たいキュウリのシャキシャキ。たまごを上手に焼くコツは「強火で手早く仕上げること」と松岡さん。

コーヒーは毎朝、窓際に置かれたフジローヤルの直火式三キロ釜で焙煎。酸味の少ない、苦味とコクを大切にしたコーヒーもサンドイッチも、心がけているのは「親父の味を維持すること」と、淡々と。

月見山駅前に二号店があります。

menu

ブレンド　380円
スペシャルブレンド　450円
たまごサンド　400円
トースト　150円
ミックスサンド　500円
モーニング　380円〜

まつおかコーヒーてん
兵庫県神戸市兵庫区新開地 1-1-8
Tel 078-577-6376　9:00 〜 19:00　不定休
阪神「新開地」駅 3B 出口より徒歩 2 分
map…p190-20-b

Kobe 15

六珈

六甲

陽光と街路樹が濃淡の模様を描く白い壁の内側に、香ばしいコーヒーの湯気が上がっています。

店主の松山直広さんは三十歳の頃に焙煎家、中川ワニさんが淹れるコーヒーに出会って衝撃を受け、会社を辞めて飲食店の道へ。元は骨董品店だった建物を改装し、文字も響きも美しい店名をつけて二〇一一年末にお店を開きました。

「目立つのは苦手で……」と看板もなしにそっと開店し、「何屋だかわからへん」の声を受けて、ようやく控えめな看板を出したそうです。

近くにある成瀬珈琲豆店に依頼したオリジナルブレンドは、ブラジルをベースにストロング、ミディアム、マイルドの三種類。

「いずれは自分で焙煎したいと思いますが、今はとにかく抽出することが楽しくて。淹れてる最中は何も考えていないけど、淹れ終わったときに大きな満足感があるんです」

独特の抽出スタイルは感覚的で、言語化や数値化をするのが難しいようですが、コーノ式ドリッパーを用いて、お湯の向きや泡の動きを注意深く観察しながら抽出してくれた一杯を飲むと、柔らかな丸みを帯びた香味がひろがりました。

思いきり幅の広いカウンターに、ゆったりと五席。小さなテーブル席もありますが、おいしいコーヒーとのんびりした会話を楽しみに通ってくる人々はカウンターに座ります。読書に耽りたい人も、この幅広カウンターなら他人との距離が気になりません。どうぞ良い時間を。

menu

六珈ブレンド（3種）　450円
ストレート珈琲　600円〜
ウインナー珈琲　550円
モカジャバ　600円
トースト　200円〜
自家製パウンドケーキ　350円

ろっこ
兵庫県神戸市灘区八幡町2-10-5
Tel 078-851-8620
7:00 〜 19:00　不定休
阪急「六甲」駅より徒歩3分
map…p190-24

Kobe 16

三ツ豆珈琲

阪急苦楽園

二〇一三年九月に誕生した若い珈琲店ながら、すでにオーラが淡く輝いているように見える驚きの一軒。確かな世界観を持った人間が良い素材を用いて、惜しむことなく時間を投入した手仕事の刻印のようなものが、空間にも珈琲にも感じとれるのです。

店舗デザイン、設計、施工から、手廻しロースターを使った焙煎、ネルドリップまで「自分の手でできるところは全てやりたかった」と語る店主の長岡雅人さん。大工さんの助けを借りながら、七か月間この場所にこもって壁や天井に杉板を貼り、美しい杉の一枚板でカウンターやテーブルを作りあげました。

「三ツ豆」の由来でもある三種類のスペシャルティコーヒーは、いずれも深煎りのシングルオリジン。豊かな苦みを持ちながらすっと喉を通り、甘みと香りの余韻がふわりとひろがる一杯は、蒸らし時間をたっぷりとってお湯を少量ずつ注いでいくネルドリップから生まれます。注文を受けてから最短でも十分はかかる丹念な作業です。

珈琲探究のきっかけは高校時代、自宅近くの自家焙煎珈琲店で出会った非凡なアイスコーヒーでした。「特別にしっかりした風味と香りがあって好きになったのですが、閉店して二度と飲めなくなりました」

その遠い記憶をもとに自宅で手焙煎を続けてきた長岡さん。テーブルから「おいしい」の声が聞こえてくると、本当に嬉しいのだそうです。

menu

軽めの珈琲　530 円
普通の珈琲　530 円
深めの珈琲　630 円
自家製ミルクチーズケーキ　270 円
三ツ豆ミルクコーヒー　680 円

みつまめコーヒー
兵庫県西宮市北名次町 10-12
夙川サニーガーデン C 棟 B1F
Tel 非公開　10:30 ～ 18:00
不定休（HP で随時お知らせ）
阪急「苦楽園口」駅東口より徒歩 4 分
map…p190-25

Kobe 17

廣屋珈琲店

甲子園口

日本の自家焙煎珈琲店には、幾つかの王国の家系図があります。ひとつは大阪の故・襟立博保さんを開祖として、東京の「もか」に受け継がれ、全国にひろがった深煎りネルドリップの歴史ある王国。もうひとつは、果実味あふれる中浅煎りのスペシャルティコーヒーの魅力を伝える新しい王国。

東京ではこの十年間で新しい王国が領土を拡大しましたが、神戸界隈では珈琲の豊かな苦みが愛され続けており、質の高い深煎りネルドリップ専門店が支持を得ています。

二〇〇八年に誕生した廣屋珈琲店

menu

廣屋ブレンド珈琲（4 種） 500 円〜
シングルオリジン珈琲（6 種） 550 円〜
カフェオ・レ 550 円
ウインナーコーヒー 600 円
濃厚チーズケーキ 450 円
チーズトースト 400 円

ひろやコーヒーてん
兵庫県西宮市天道町 26-10
Tel 0798-65-6602
11:00 〜 23:00（LO22:30） 火休
JR「甲子園口」駅北口より徒歩 9 分
map…p190-26

はその代表的存在。店主の廣井知亨さんは、〝開祖〟襟立さんが顧問をつとめた大阪の蘭館で三年半修業。個人的に訪れていた喫茶店の新規開店に関わり、誕生した箕輪ダンケの初代店長として十年半の経験を積んだ後、自身の珈琲店を開きました。

落ちついた内装は、初めての人にも緊張を強いない心地よい温度。奥の白い扉の向こうには赤外線つきの直火式焙煎機が置かれています。

「この方式だと豆の芯からふっくら焼けるんです。好きなのはしっかりとコクがあって、香ばしい苦みと甘みが楽しめる深煎りの珈琲」

謙虚な人柄ゆえに自慢話はなし。熟練の手つきでネルドリップされる一杯は、珈琲好きにもそうでない人にも愛される味わいです。

神戸を訪れたら立ち寄りたい

UCCコーヒー博物館

日本でただひとつのコーヒー専門の博物館が
UCC 創業 80 年を機に、館内展示室を改装して
2013 年 10 月リニューアルオープンしました。

コーヒー好きなら一度は訪ねてみたいコーヒー博物館。エチオピアで発見されたコーヒーが世界中に伝播していく歴史、コーヒーの栽培と収穫、コーヒーの生豆が鑑定を経て消費国へ旅立つまで、焙煎と抽出、コーヒーにまつわる文化など、貴重な器具のコレクションを見ながら、コーヒーの奥深い世界に引き込まれていきます。一階のテイスティングコーナーでは毎月異なるテーマでコーヒーを飲み比べ。手網を使った焙煎を体験することもできます。

１階喫茶室ではさまざまな高品質のコーヒーを、ペーパードリップ、サイフォン、カフェプレスの３種類の抽出方法から選んで味わうことができます。しかも、バリスタは各抽出競技会のタイトルホルダー！

ユーシーシー
コーヒーはくぶつかん
神戸市中央区港島中町 6-6-2
10:00 ～ 17:00
月（祝日の場合翌日）休
ポートライナー「南公園」駅
西出口より徒歩１分

おわりに

長い間続いている喫茶店は、お店を再訪した旅行者にたくさんの発見をもたらしてくれます。私は九〇年代の終わりに神戸・旧居留地のカフェラで飲んだ冷たいシェケラートを、銀色のシェーカーに氷を入れて振る快い響きとともに、光の粒が弾けるような真夏の幸福として記憶していました。

今年の秋、十五年ぶりにカフェラの籐椅子に座って嬉しい気持ちでシェケラートを注文したとき、店内はおそらく改装を経ており、テラス席からの眺めも変化したはずなのに、むしろ大きく変わっているのは自分の方であることに気がついたのです。


　歴史と文化、川岸の四季を借景にした京都の喫茶店。

　人の個性が濃くにじんでいる大阪の喫茶店。

　かつてハイカラな舶来文化を愛した港町神戸の喫茶店。

それぞれの街で愛されてきた喫茶店を訪ねて、お店の方にお話をうかがいました。地元の人々の日常を支えながら、旅行者に街の魅力を伝えたり、生き方のヒントを与えてくれたりする名店の数々に心から感謝します。

川口葉子

1 河原町・祇園〜清水五条

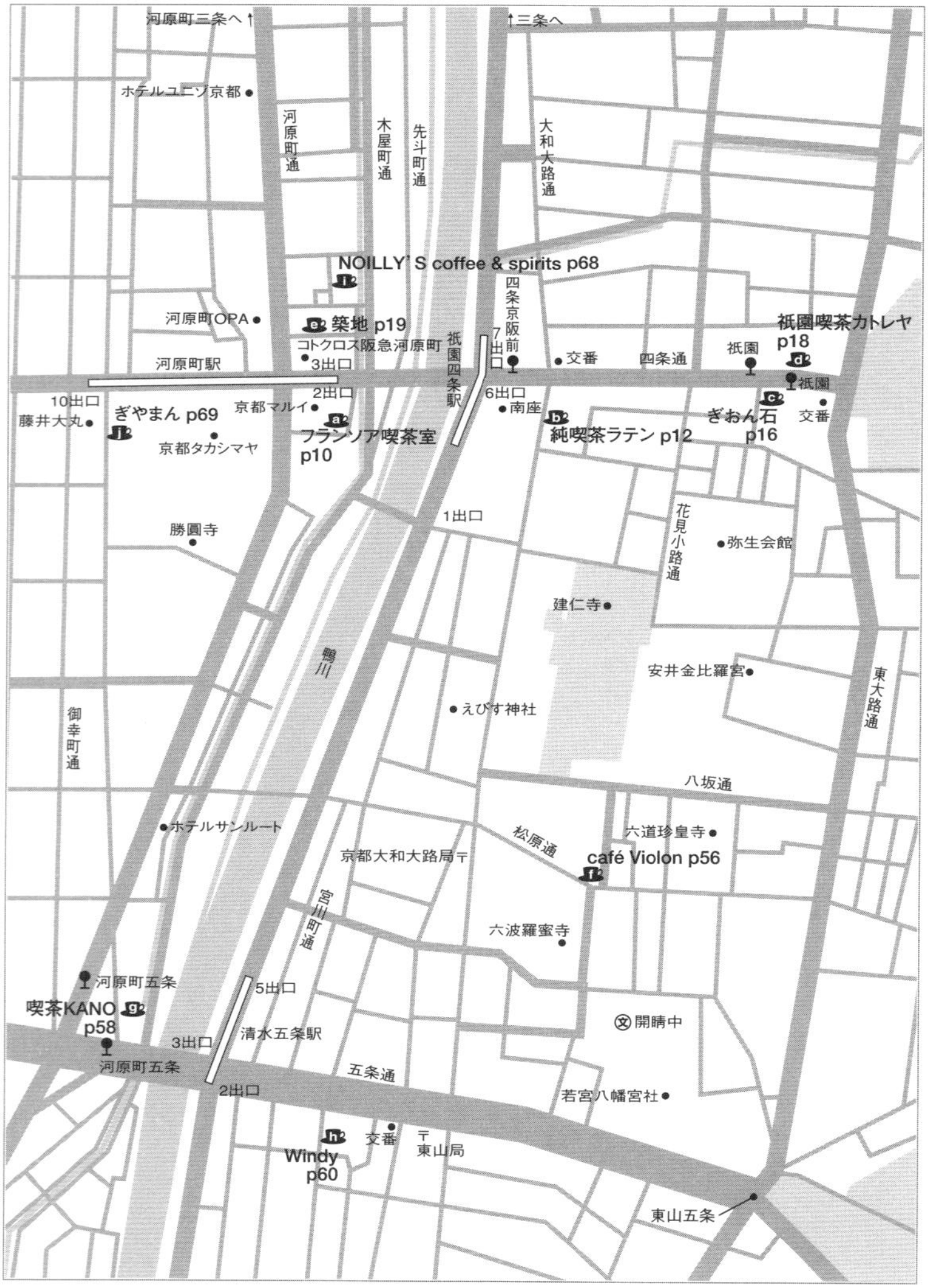
河原町三条へ
三条へ
ホテルユニゾ京都
河原町通
木屋町通
先斗町通
大和大路通
NOILLY' S coffee & spirits p68
i
河原町OPA
e 築地 p19
四条京阪前
祇園四条駅
7出口
コトクロス阪急河原町
3出口
河原町駅
交番
四条通
祇園
祇園喫茶カトレヤ p18
d
祇園
10出口
2出口
6出口
c
藤井大丸
j ぎやまん p69
京都マルイ
a
南座
b 純喫茶ラテン p12
ぎおん石 p16
交番
京都タカシマヤ
フランソア喫茶室 p10
1出口
花見小路通
勝圓寺
弥生会館
建仁寺
鴨川
安井金比羅宮
東大路通
御幸町通
えびす神社
八坂通
ホテルサンルート
六道珍皇寺
松原通
京都大和大路局
café Violon p56
f
宮川町通
六波羅蜜寺
河原町五条
5出口
喫茶KANO p58
g
開睛中
3出口
清水五条駅
河原町五条
五条通
2出口
若宮八幡宮社
h
交番
東山局
Windy p60
東山五条

2 烏丸御池～京都市役所前

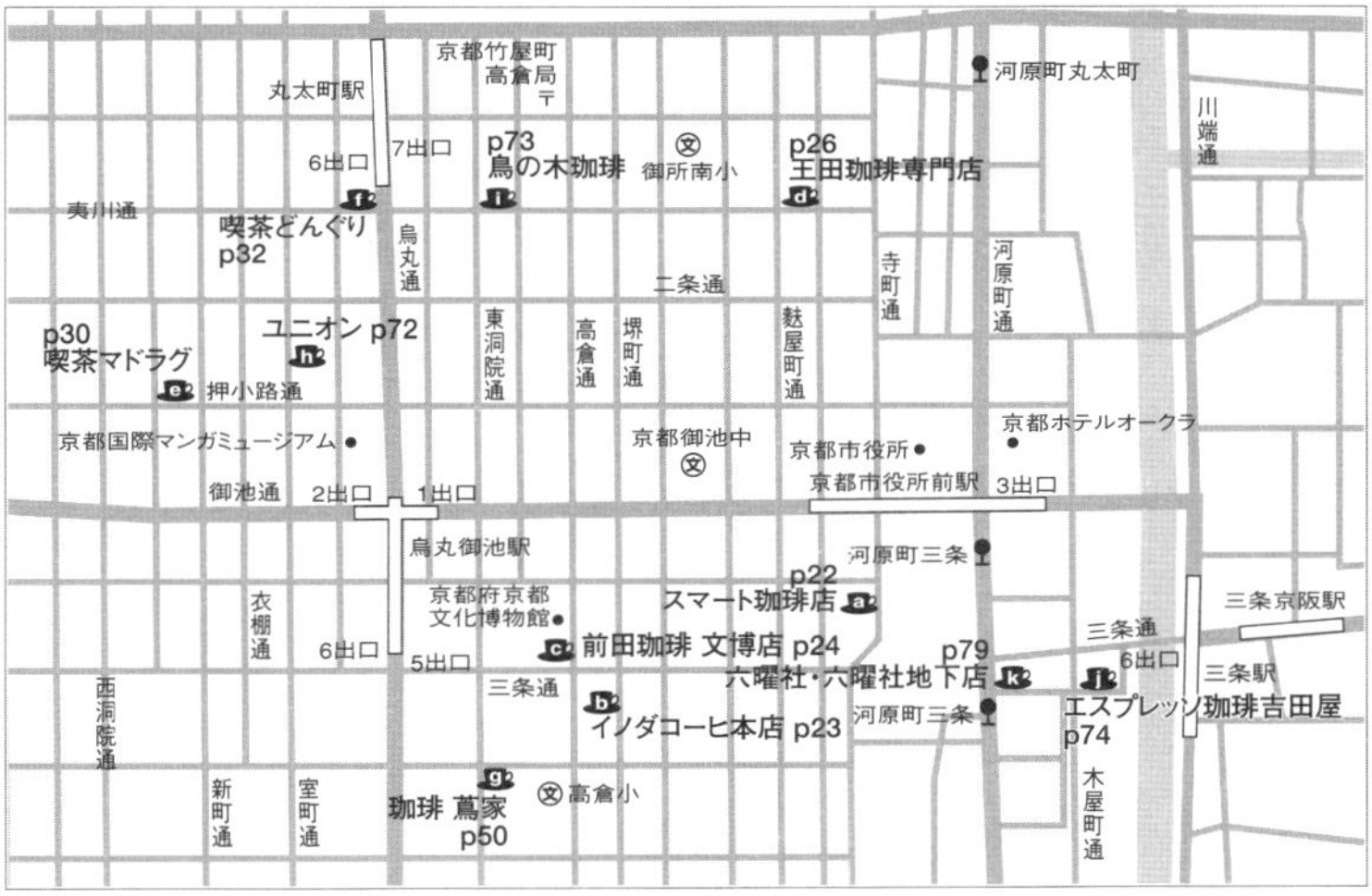

京都竹屋町
高倉局
丸太町駅
河原町丸太町
川端通
6出口
7出口
p73
鳥の木珈琲
御所南小
p26
王田珈琲専門店
夷川通
喫茶どんぐり
p32
烏丸通
二条通
寺町通
河原町通
p30
喫茶マドラグ
ユニオン p72
東洞院通
高倉通
堺町通
麩屋町通
押小路通
京都国際マンガミュージアム
京都御池中
京都市役所
京都ホテルオークラ
御池通
2出口
1出口
京都市役所前駅
3出口
烏丸御池駅
河原町三条
京都府京都
文化博物館
p22
スマート珈琲店
衣棚通
6出口
5出口
前田珈琲 文博店 p24
p79
六曜社・六曜社地下店
三条通
6出口
三条京阪駅
三条駅
西洞院通
三条通
イノダコーヒ本店 p23
河原町三条
エスプレッソ珈琲吉田屋
p74
新町通
室町通
珈琲 蔦家
p50
高倉小
木屋町通

3 出町柳

鴨川
葵橋
高野川
叡電叡山本線
葵橋西詰
COFFEE HOUSE
maki 出町柳店 p44
出町柳駅前
叡山電鉄出町柳駅
河合橋
出町商店街
出町橋
LUSH LIFE p40
5出口
6出口
柳月堂 p20
出町柳駅前
出町柳駅前
河原町今出川
出町柳駅
みずほ銀行
交番
河原町今出川
河原町今出川
加茂大橋
今出川通
2出口
珈琲 ゴゴ p46
三条へ↓

4 四条烏丸

5 二条

6 神宮丸太町

7 国際会館

8 銀閣寺前

9 東天王町

10 今出川

11 丹波口

12 京都駅

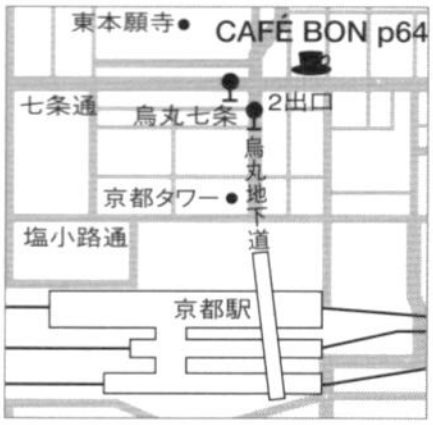

13 円町

14 淀屋橋〜本町

大江橋駅
大阪市役所
中央公会堂前
淀屋橋駅
なにわ橋駅
4出口
MJB珈琲店 淀屋橋店 b2 p94
淀屋橋駅
北浜駅
開平小
北浜局
三井ガーデン
ホテル大阪淀屋橋
13出口
ホテルユニゾン
大阪淀屋橋
アパヴィラホテル淀屋橋
ホテルブライトシティ
大阪北浜
5出口
f2 Mole & Hosoi Coffees p118
c2 ゼー六 道修町店 p102
a2 リスボン珈琲店 p92
e2 naked p114
大分銀行・
大阪支店
g2 リヴォリ p122
中国銀行・
大阪支店
北陸銀行・
大阪支店
阪神高速1号環状線
御堂筋
d2
平岡珈琲店 p103
堺筋
1出口
ヴィアーレ大阪
本町通
13出口
東警察署
c2
ゼー六 本町店
p102
本町駅
本町駅
中央大通
堺筋本町駅
1出口

15 心斎橋〜なんば・日本橋

西大橋駅
長堀通
ネストホテル
大阪心斎橋
東急ハンズ
東横INN心斎橋西
心斎橋駅
大丸北館
ダンケ 心斎橋店 p131
Le Premier Cafe
p116
長堀橋駅
南中
四ツ橋駅
ホテル日航大阪
5出口
心斎橋OPA
大丸
南小
CAFE FLORIAN
p121
阪神高速1号環状線
南警察署
大阪心斎橋局
なにわ筋
御堂筋
堺筋
クロスホテル
大阪
ホテルビスタグランデ大阪
珈琲艇キャビン
p120
アパホテル
なんば心斎橋
大阪
松竹座
純喫茶アメリカン p84
p90
アラビヤコーヒー
丸福珈琲店 千日前本店 p98
なんば駅
15A出口
2出口
日本橋駅
大阪難波駅
千日前通
近鉄日本橋駅
9出口
なんば駅
JR難波駅
なんば駅
伊吹珈琲店
p88

17 森ノ宮

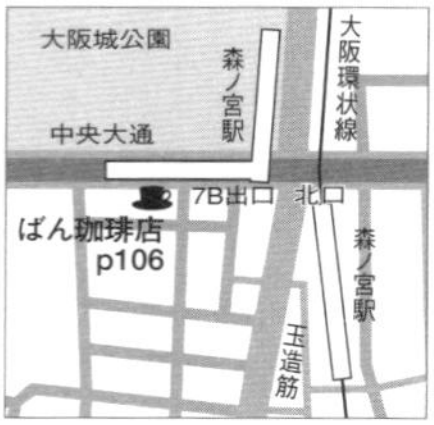
大阪城公園
森ノ宮駅
大阪環状線
中央大通
7B出口
北口
ばん珈琲店
p106
森ノ宮駅
玉造筋

16 梅田

阪急梅田駅
大阪環状線
東海道本線
新梅田食堂街
p127 ニューY・C
p126 Y・C 梅田店
都島通
新御堂筋
梅田駅
阪急百貨店
大阪駅
阪神梅田駅
東梅田駅
阪神百貨店
8出口
7出口
日興証券ビル
喫茶サンシャイン
p123
大阪第一ホテル
西梅田駅
大阪駅前
第1ビル
大阪駅前
第2ビル
大阪駅前
第3ビル
7出口
北新地駅
3出口
珈琲店スパニョラ p130
喫茶 マヅラ
p124

18 高安

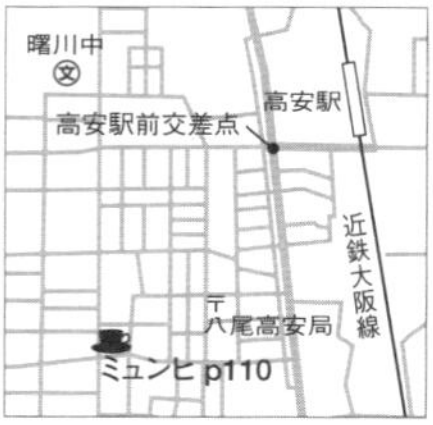
曙川中
高安駅
高安駅前交差点
近鉄大阪線
八尾高安局
ミュンヒ p110

19 三宮〜元町

新神戸へ
p162
カフェ・バール こうべっこ
北野異人館街
英国館
グリーンヒルホテルアーバン
北野坂
p148
にしむら珈琲店 北野坂店
p148
にしむら珈琲店
中山手本店
神戸北野ホテル
神戸女子大大学院
山手幹線
阪急神戸線
神港学園神港高
生田神社
東2出口
東8出口
三宮駅
三ノ宮駅
西口
神戸三宮駅
ホテル
トアロード
こうべ小
鯉川筋
トアロード
西1出口
西口
p142
茜屋珈琲店
モトマチ喫茶 p160
三宮・花時計前駅
山陽電鉄
神戸高速線
東海道本線
県庁前駅
京町筋
神戸生田中
東口
元町駅
旧居留地・大丸前駅
西口
元町商店街
エビアン
p158
大丸
舌れ梵
p165
南京町
元町サントス p156
東口
花隈駅
西口
セキ珈琲館 元町店 p164
2出口
はた珈琲店
p154
1出口
みなと元町駅
阪神高速3号神戸線

20 新開地

21 王子公園

22 阪急御影

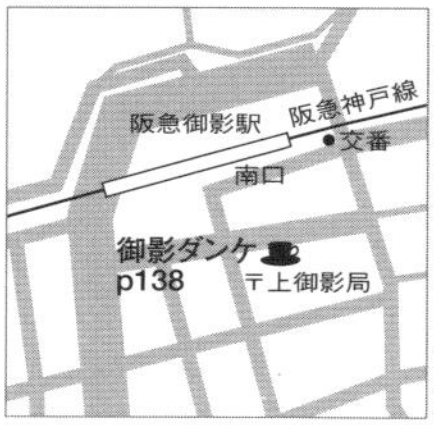

23 新神戸

24 六甲

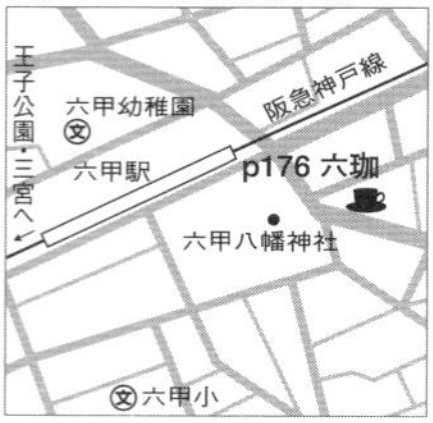

25 阪急苦楽園

26 甲子園口

50音別索引

川口葉子　かわぐちようこ

文筆業、喫茶写真家。趣味で作った個人webサイト「東京カフェマニア」はカフェ好きの人々に広く知られている。高校時代からこれまで1000軒を超える喫茶店やカフェを訪れてきた経験をもとに、書籍や雑誌、webなど様々な媒体で活躍中。著書に、「東京の喫茶店 琥珀色のしずく77滴」「街角にパンとコーヒー」（小社刊）「京都カフェ散歩」「COFFEE DIARY2015」（祥伝社）、「東京カフェ最高のひと皿」（大和書房）ほか多数。東京カフェマニア（http://homepage3.nifty.com/cafemania/）

カバーイラスト　楠伸生
ブックデザイン　藤崎良嗣 五十嵐久美恵 pond inc.
地図製作　（株）ジェオ
題字　白戸翔

京都《きょうと》・大阪《おおさか》・神戸《こうべ》の喫茶店《きっさてん》　珈琲三都物語《コーヒーさんとものがたり》

2015年2月2日　初版第1刷発行

著　者　川口葉子
発行者　村山秀夫
発行所　実業之日本社
〒104-8233　東京都中央区京橋3-7-5 京橋スクエア
電話　03-3535-5411（編集）　03-3535-4441（販売）

印刷所　大日本印刷（株）
製本所　（株）ブックアート

ISBN978-4-408-00864-6 (BG)